Den Juden zuerst

Theologische Perspektiven der „Judenmission" in den kirchengeschichtlichen Epochen

Anatoli Uschomirski

Korntaler Reihe
Band 11

VTR

Bibliographische Information der Deutschen Nationalbibliothek
Die Deutsche Nationalbibliothek verzeichnet diese Publikation in der
Deutschen Nationalbibliografie; detaillierte bibliografische Daten sind
im Internet über http://dnb.dnb.de abrufbar.

Korntaler Reihe
herausgegeben von der
Akademie für Weltmission Korntal gGmbH
Hindenburgstr. 36
70825 Korntal-Münchingen
Germany

ISBN 978-3-95776-023-4

© 2014, VTR Verlag für Theologie und Religionswissenschaft,
Gogolstr. 33, 90475 Nürnberg, Germany, http://www.vtr-online.com

Umschlaggestaltung: VTR
Satz: VTR

Abbildung auf dem Umschlag: © israeltourism – Flickr
http://upload.wikimedia.org/wikipedia/commons/3/34/The_Western_Wall.jpg

Druck: Book-on-Demand Verlagsservice Beese,
Friedensallee 76, 22765 Hamburg
Printed in Germany

Inhalt

Vorwort

Die Veröffentlichung dieses Buches von Anatoli Uschomirski ist für mich eine große Freude ebenso wie ein leuchtendes zeit- und kirchengeschichtliches Signal. Ist es doch Ausdruck einer bedeutenden Zäsur in der Geschichte des abendländischen Christentums, die nicht länger übersehen oder bewusst stigmatisiert werden darf. Zum ersten Mal sammeln sich in Deutschland jüdische Menschen zu Gemeinden im Namen von Jeschua HaMaschiach, im Namen Jesu Christi. Und das im Land der stärksten und bösartigsten Judenverfolgung aller Zeiten, eines Skandals, dessen unbegreifliches Maß an Menschenverachtung schockiert verstummen lässt: das deutsche Drama und Trauma schlechthin, das sich wie ein dämonischer Krater unüberbrückbar in die Geschichte gesprengt hat.

Ebenso unbegreiflich ist die Tatsache, die jedoch zu freudigem Staunen bewegt, dass Juden weltweit, und ausgerechnet auch in diesem Land, Jesus als den Messias Israels entdecken: den ursprünglichen Jesus als den zutiefst jüdischen Menschen, den, der das mosaische Gesetz erfüllt, sich als Gottes Sohn erwiesen und zum Opfer für Sünden hingegeben hat. Dass in der jüdisch-messianischen Bewegung immer mehr zusammenfindet, was nach jahrtausendealten Verheißungen zusammen gehört, Gottes Volk und Gottes Messias, ist eines der großen Wunder der Kirchengeschichte unserer Tage.

Die Geschichte der ersten Liebe Gottes, die Liebe zu seinem erstwählten Bundesvolk Israel, beginnt in dieser Zeit neu – so intensiv und so tiefgreifend wie noch nie. Immer mehr jüdische Menschen sehen in Jesus den König Israels ebenso wie ihren persönlichen Heiland. Die individuell seelsorgerliche wie auch soteriologische Komponente Jesu und mithin die heilsgeschichtlich-politische Dimension gewinnen zunehmend an Bedeutung im jüdischen Raum – und dies weltweit.

Doch sind geschichtliche Prozesse nie ohne Wurzeln, ohne Entwicklungen, die zunächst rudimentär und dann immer zielführender vorbereiten, was schließlich unaufhaltsam Gestalt annimmt. Das trifft auf das messianische Judentum gleichermaßen zu, gerade und in besonderer Weise in Europa. Diese Spuren zu verfolgen, ihre Motivation und ihren biblisch-exegetischen wie auch kirchen- und heilsgeschichtlichen Hintergrund freizulegen, ist das Ziel der vorliegenden Arbeit, die zugleich die hervorragend bewertete Abschluss-Thesis von Anatoli Uschomirskis Masterstudium bildet.

In seiner dreifachen, komplementär zu begreifenden Zugehörigkeit zum jüdischen Volk, der Gemeinde von Jeschua HaMaschiach und Pastor einer messianischen Gemeinde sowie zur „Scientific Community" ist er prädestiniert, die historischen „Schätze" auszugraben, die sich als „Goldadern" der neuen

jüdisch-christlichen „Urgemeinde" entdecken lassen. Was er dabei zutage
gefördert hat ist beileibe nicht nur „Gold", vielmehr erweist sich die Kirchengeschichte bisweilen als eine Geschichte von Deckschichten, die den
biblischen Verheißungskern mit ihren eigenen, meist zeitbedingten Schichten
überlagert und unsichtbar gemacht hat. Solche Decklagen können kollektive
gesellschaftliche Ressentiments gegenüber Juden und einem jüdisch begrün-
deten Christentum ebenso sein, wie ausgesprochene theologische Thesen und
Lehrmeinungen. Die sogenannte Ersatztheologie, welche die Verheißungen
an Israel auf die heidenchristliche Kirche überträgt, ja sich darob als das neue
Israel begreift, bildet lediglich die Spitze eines Eisbergs, dessen Untergründe
sich etwa von den antijüdischen Spätschriften Luthers über Antisemitismus-
Vereinigungen im 19. Jahrhundert bis zum Holocaust des „Dritten Reiches"
erstrecken.

Doch die eigentliche, seine eigene, trag- und zukunftsfähige Geschichte
schreibt Gott „unterhalb" jener Schichten, die dann später die Geschichtsbü-
cher füllen. Die Adern göttlicher Heilsgeschichte sind nicht „Mainstream",
aber „Gracestream", ein Gnadenstrom, an dessen Ufern Menschen lebendi-
ges Wasser trinken, das sie selbst zur Quelle werden lässt, die zum ewigen
Leben führt.

Möge dieses Buch zahlreiche Leser finden, die angesichts der Verheißungen
und Erfüllungen an Israel entdecken, wie Gott seinem Wort der Bibel treu
bleibt und danach handelt. Die heutige messianische Bewegung steht dabei
wie ein Leuchtturm an den Gestaden der Weltgeschichte.

                                                              Dr. Rainer F. Uhlmann

1 Einleitung: Die historische und gegenwärtige theologische Relevanz der Judenmission

1.1 Anlass und Ziel der Arbeit

Die christliche Mission ist Teil der Weltgeschichte. Vor allem die Geschichte und die Theologie der Mission unter Juden hängen sehr eng mit dem Gang der Weltgeschichte, sowie der Kirchengeschichte und der Geschichte der christlichen Theologie zusammen.

Was ist Judenmission? Über dieses Thema erschienen in den letzten 20 Jahren viele Artikel und Berichte in den christlichen Medien. In seinem Buch „Judenmission heute"[1] beschreibt Heinz Kremers den Untergang der christlichen Judenmission. „Judenmission Impossible", – so kann man das Motto Kremers' und mancher anderer moderner Theologen beschreiben. Sie meinen, besonders nach dem Holocaust sei Judenmission inakzeptabel!

Als ein Jude, der an Jesus glaubt, ist es für mich persönlich sehr bitter, solche Tendenzen in der Entwicklung der christlichen Theologie zu beobachten. Doch man muss den Gegnern der Judenmission in vielen ihrer Argumente recht geben. Die klassische Judenmission[2], mit dem Ziel Juden zu Christen zu machen, hat sich disqualifiziert. Woran liegt das? Und heißt das für uns, dass wir dem jüdischen Volk seine Identität absprechen, wenn wir ihm seinen Messias nahebringen?

Meiner Meinung nach liegt das Problem in einem gewaltigen Missverständnis, das sich seit vielen Jahrhunderten in die christliche Kirche eingeschlichen hat. Mit der Ablehnung des jüdischen Volkes als Gottesvolk wurde auch seine Berufung, Zeuge Gottes zu sein, verneint. Um die Absurdität dieser Ablehnung zu begreifen, müssen wir uns folgende Fragen stellen: Was taten die ersten Jünger Jesu, als sie ihre Volksgenossen vom Messias Jesus überzeugten? Wofür gab Jesus den Aposteln Vollmacht? Woraus bestand ihr Sendungsauftrag?

Die Antwort auf diese Fragen führt uns unmissverständlich zur Berufung des Volkes Israel, nämlich zum weltweiten Missionsauftrag. Die Berufung zur Mission ist keine neutestamentliche Erfindung. Sie ist verwurzelt in der Selbstbestimmung des Volkes Israel, dessen Erwählung ein ganz konkretes Ziel hatte, nämlich „ein Licht für alle Nationen zu sein" (Jes 42,6). Dieser

---

[1] Heinz Kremers, *Judenmission heute?* (Neukirchen-Vluyn: Neukirchener Verlag, 1979).

[2] Der Begriff „Judenmission" wird untersucht und erklärt in 1.3 dieser Arbeit (S. 11, 12). Vgl. besonders die Definitionen von Heinz Kremers und Hartmut Renz.

Missionsauftrag beinhaltete vor allem das eigene Volk (Jes 9,2; Apg 1,16). Daher war und ist Judenmission theologisch begründet. Dieses Missionsverständnis blieb aktuell, bis die christliche Kirche in ihrer Mehrheit ethnisch gesehen heidnisch wurde und sich von ihren jüdischen Wurzeln bewusst trennte. Mit Recht beschreibt Kremers dieses Ereignis als „das erste Schisma innerhalb des einen Leibes der Gemeinde Gottes."[3] Von diesem Zeitpunkt an begann eine der größten theologischen Katastrophen in der Kirchengeschichte: Das Volk Israel wurde nicht mehr als von Gott erwähltes Volk betrachtet, und seine missiologische Bedeutung wurde langsam auf die christliche Kirche übertragen. Die Konsequenzen waren, dass das Volk der Juden entweder als Gottesmörder angesehen und dann dementsprechend behandelt wurde, oder dass sie (im besten Fall!) genauso wie alle anderen Völker missioniert wurden, ohne Rücksicht auf die nur ihnen von Gott gegebenen Vorrechte (s. Röm 9,4-5). Diese Vorgehensweise erklärt die beiden extremen Positionen bezüglich der Judenmission, denen wir heutzutage gegenüber stehen. Zum einen beobachten wir die Ablehnung des Evangeliums von jüdischer Seite. Zum anderen erheben mehrere christliche Theologen ihre Stimmen gegen die Judenmission, weil sie ihrer Meinung nach Juden ihre Identität und ihre ewige Bestimmung abspricht. Bei diesen Diskussionen wird die wichtigste Frage vergessen: die Frage nach dem ewigen Schicksal, – ohne das Evangelium gehen Menschen, gleichgültig ob sie Juden oder Nichtjuden sind, verloren! (Joh 3,36). Deswegen muss die theologische Diskussion nicht für oder gegen Judenmission geführt werden, sondern sie muss dringend eine Antwort auf die Frage geben: Wie können jüdische Menschen für die Ewigkeit gerettet werden? Diese Frage ist nicht neu, ein berühmter jüdischer Gelehrter, der Apostel Paulus, diskutierte schon im 1. Jahrhundert darüber (s. Röm 10,9-15). Klar und deutlich schreibt Paulus in diesen Versen, dass das Evangelium von Jesus, dem Messias, bzw. der Glaube an den Auferstandenen die einzige Botschaft ist, die Juden und Nichtjuden das ewige Leben garantiert. Im weiteren Verlauf des Römerbriefes (11,25-27) wird auch klar, dass nur der gekreuzigte und auferstandene Messias Jesus „kann die universale jüdische Hoffnung der endgültigen Erlösung des Volkes Israel sein."[4] Paulus' Antwort auf diese bedeutsame Frage hat nichts an Aktualität eingebüßt. Damit verschiebt sich der missiologische Aspekt der Judenmission in den Bereich der Soteriologie und Eschatologie. Daraus ergibt sich die Zielsetzung für eine theologisch motivierte und kontextualisierte Judenmission.

---

[3] Heinz Kremers, *Judenmission heute?* (Neukirchen-Vluyn: Neukirchener Verlag, 1979), S. 14.

[4] David Stern, *Kommentar zum jüdischen NT.* Bd. 2 (Neuhausen-Stuttgart: Hänssler Verlag, 1994), S. 120.

Als Pastor einer messianischen Gemeinde und langjähriger Evangelist unter dem jüdischen Volk habe ich großes Interesse an der Erforschung dieses Themas. Die Forschung soll zur Klärung und Vergewisserung des Dienstes von Missionaren unter Juden dienen, aber ebenso einen Beitrag zur Diskussion um die Judenmission leisten. Mit meiner Arbeit möchte ich die Veränderungen der Theologie der Judenmission analysieren, wie sie sich im Laufe der kirchengeschichtlichen Epochen ereignet haben. Dabei möchte ich mich auf die positiven Ansätze in der Judenmission konzentrieren, die besonders in der Zeit des Pietismus zu beobachten sind.

Ich glaube, dass die Judenmission eines der wichtigsten Themen in der Theologie überhaupt ist, besonders heute, wo mehrere Tausend jüdische Menschen in der ganzen Welt Jesus als ihren Messias angenommen haben. Diese Menschen integrieren sich indes nicht in die christlichen Kirchen, sondern bilden eigene messianische Gemeinden und knüpfen an die in der Apostelgeschichte beschriebene Urgemeinde an. Dabei fühlen sie sich berufen, das Evangelium ihrem eigenen Volk, aber auch darüber hinaus den anderen Völkern zu bringen. Verweigert sich die Kirche dieser Berufung und überlässt die Judenmission nur den messianischen Juden? Ich möchte, dass meine Arbeit ein Anstoß für das theologische Denken ist, damit die christliche Kirche ihre missionarische Berufung wahrnimmt und ihrer geistlichen Verantwortung gegenüber Israel gerecht wird. Herausgefordert wurde ich zum Abfassen dieser Arbeit durch einen Juden. So las ich bei Schalom Ben-Chorin, einem jüdischen Gelehrten des 20. Jh.:

> Dass Israel und die Kirche in der Welt bestehen, das kann nur heißen, dass Gott Israel durch die Kirche fragen will und dass derselbe einzige, wahre und lebendige Gott die Kirche durch Israel fragen will. Und das heißt, dass sie einander Rede und Antwort stehen müssen – um Gottes Willen. Und an dieses – trotz dem neuen Bunde – fortbestehende Judentum richtet die Kirche durch die Jahrtausende die Frage: ‚Glaubst du, dass Jesus von Nazareth der verheißene Messias Israels und Heiland der Welt ist?‘ Die Synagoge antwortet: ‚Nein, ich vermag's nicht zu glauben.‘ Die Kirche muss, sofern sie Kirche Christi sein und bleiben will, diese Frage immer wieder an die Welt stellen, aber sie muss sie um der Kirche selbst willen insbesondere Israel, dem altbundlichen Heilsvolk, stellen.[5]

---

[5] Schalom Ben-Chorin in *Die Christusfrage an den Juden* (1940), zitiert in „Unterwegs", Bd. 12, 1960, S. 42+43.

1.2   Forschungsbericht

Diese Arbeit behandelt das Thema „Theologische Perspektiven der Judenmission in den kirchengeschichtlichen Epochen".

Die Judenmission ist in der Theologie ein sehr kontroverses Thema, vor
allem in der zweiten Hälfte des 20. Jahrhunderts wurden die Debatten um die
Judenmission in Deutschland besonders heftig geführt. Nach dem totalen
Versagen der Christen gegenüber der verfolgten jüdischen Bevölkerung im
sog. Dritten Reich wurde die Judenmission seit den 50-er Jahren[6] des vorigen
Jahrhunderts zunächst zum Tabuthema. Doch im Laufe der Zeit wurde die
Diskussion darüber unter den Theologen wiederbelebt. Dabei besannen sich
viele von ihnen auf die Zeit des Pietismus zurück und bezogen sich auf dessen theologische Positionen als nach wie vor gültige biblische Leitlinien. An
dieser Diskussion beteiligten sich verschiedene Theologen und Protagonisten
kirchlicher Strömungen.

Eines der Standardwerke über die Judenmission ist die Christliche
Judenmission von Paul Gerhard Aring. Aring betont von Anfang an, dass die
Frage der Judenmission eine der wichtigsten Fragen nach dem Selbstverständnis der Kirche überhaupt sei. Für ihn bedeutet „ein christliches Nein
zur Judenmission ein Nein zum Christusbekenntnis."[7]

Eines der gewichtigsten Argumente der Gegner der Judenmission ist das
schuldhafte Scheitern der Christen während des Holocaust. Umso wichtiger
ist es, sich bewusst zu machen und zu verstehen, was mit judenmissionarischen Werken unmittelbar vor dieser Zeit geschah. Instruktiv in diesem
Zusammenhang ist der Aufsatz „Evangelische Judenmission im Dritten
Reich"[8] von Jochen Christoph Kaiser in Der Holocaust und die Protestanten.
Er handelt von evangelischer Judenmission in der Zeit vor und während des
Dritten Reiches. Es ist ein für die judenchristliche Position trauriges, aber
sehr bedeutendes Zeugnis, wie die „fast 120 Jahre andauernde Epoche
preußischer Judenmission"[9] zu Ende ging.

Blicken wir zurück: Man kann die Einstellung der Reformatoren und des
Pietismus zur Judenmission nicht verstehen, ohne die vorherige Kirchen-

---

[6] Noch 1948 wurde im Deutschen Pfarrerblatt ein Artikel veröffentlicht, der unbe-
fangen von der Notwendigkeit der Judenmission sprach.

[7] Paul Gerhard Aring, *Christliche Judenmission* (Neukirchen-Vluyn: Neukirchener
Verlag, 1980), S. 258.

[8] Jochen-Christoph Kaiser; Martin Greschat, *Der Holocaust und die Protestanten*
(Frankfurt am Main: Athenäum, 1988).

[9] Jochen-Christoph Kaiser; Martin Greschat, *Der Holocaust und die Protestanten*
(Frankfurt am Main: Athenäum, 1988), S. 129.

geschichte in Bezug auf die Beziehungen zwischen Christen und Juden zu skizzieren. Dazu werde ich für meine Arbeit zwei Monographien von Martin H. Jung, Christen und Juden,[10] und Die württembergische Kirche und die Juden in der Zeit des Pietismus,[11] heranziehen. Im zweiten Buch beschreibt Martin Jung manche positive Aspekte der Judenmission, steht ihr selbst indes ablehnend gegenüber. Seine Absage begründete der Professor für Historische Theologie an der Universität Osnabrück mit dem Kernsatz: „Wer als Christ den Anspruch der Juden, Volk Gottes zu sein, anerkennt, muss auf Judenmission verzichten."[12] Eine solche, für die Position der Gegner von Judenmission symptomatische Aussage wird auf ihre biblisch-theologische Grundlage hin zu untersuchen sein.

Für die gegenwärtige Diskussion von besonderer Bedeutung ist die weltweite Entstehung von messianischen Gemeinden Ende des 20. Jh., die neue Fakten schafft und die Debatte unter den Theologen auf eine andere Grundlage stellt.

In seinem 1995 erschienenen Buch Messianische Juden zwischen Kirche und Volk Israel[13] geht Andreas Hornung der Frage nach, ob jeder Christ an der Judenmission beteiligt sein sollte. Für missionarische Aktivitäten unter Juden hält er die messianischen Juden für besser geeignet als nichtjüdische Christen.

Die messianischen Juden ihrerseits beteiligen sich gleichermaßen aktiv an dieser Diskussion. Einen wichtigen Beitrag dazu lieferte 2005 das von Tuvya Zaretzsky herausgegebene Buch Das Evangelium – auch für Juden.[14] Der Autor geht auf das Lausanner Abschlussdokument Nr. 60 der Arbeitsgruppe Nr. 31 ein.[15] Mehrere Aufsätze von unterschiedlichen Autoren in diesem Buch dienen dazu, die Kirche aufzurufen, „ein neues Herz, eine neue Vision,

---

[10] Martin Jung, Christen und Juden: Die Geschichte ihrer Beziehungen (Darmstadt: WGB, Wissenschaftliche Buchgesellschaft, 2008).

[11] Martin Jung, Die württembergische Kirche und die Juden in der Zeit des Pietismus (1675-1780) (Berlin: Institut Kirche und Judentum, 1992).

[12] Neue Osnabrücker Zeitung vom 11.01.2010, S. 16.

[13] Andreas Hornung, Messianische Juden zwischen Kirche und Volk Israel: Entwicklung und Begründung ihres Selbstverständnisses (Gießen: Brunnen, 1995).

[14] Tuvya Zaretsky (Hg.), Das Evangelium – auch für Juden: Impulse aus der messianischen Bewegung; Lausanner Abschlussdokument Nr. 60 der Arbeitsgruppe Nr. 31 „Evangelisation unter Juden" auf dem Forum des Lausanner Komitees für Weltevangelisation vom 29.09.-05.10.2004 in Pattaya, Thailand, zum Thema „Eine neue Vision, ein neues Herz und eine erneuerte Berufung" (Basel [u.a.]: Brunnen-Verlag, 2006).

[15] „Evangelisation unter Juden" auf dem Forum des Lausanner Komitees für Weltevangelisation vom 29.09.-05.10.2004 in Pattaya, Thailand, zum Thema „Eine neue Vision, ein neues Herz und eine erneuerte Berufung."

eine erneuerte Berufung"[16] zu entwickeln, um die Juden mit dem Evangelium zu erreichen. Dabei werden nicht nur die Chancen, sondern auch die Herausforderungen in der Evangeliumsverkündigung unter Juden angesprochen. In diesem Buch werden auch zwei wichtige Dokumente angeführt und behandelt. Das ist zum einen das bei einer Konferenz evangelikaler Leiter in Willowbank/Bermudas entstandene Papier Willowbank Declaration über das christliche Evangelium und das jüdische Volk (1989),[17] und zum anderen Das Manifest von Manila (1989).[18]

Diese Dokumente gründen auf dem Bekenntnis, dass das Volk Israel Gottes Bundesvolk bleibe und als solches weiterhin eine Rolle in Gottes Heilsgeschichte spiele. Gleichzeitig lehnen sie das Verständnis ab, Gottes ewiger Bund mit Israel mache den Glauben an Jesus unnötig. Die Verpflichtung, das Evangelium an Juden weiterzugeben, bestehe immer noch. Diese Verantwortung bleibe – auch nach dem Holocaust.

Der damalige amerikanische Leiter für interreligiöse Angelegenheiten des American Jewish Committees nannte die Willowbank Declaration in seiner Reaktion einen „Plan geistlichen Völkermords, der von der alten christlichen ‚Lehre der Verachtung' für Juden und Judentum durchdrungen ist."[19] An anderer Stelle bezeichnete er die Erklärung als „hirnverbrannt" und „überheblich."[20] Ebenso äußerte sich der Leiter der Union of American Hebrew Congregations über die Willowbank Erklärung, die er als „rückschrittlich und primitiv" und als „schlimmste Art von christlich religiösem Imperialismus"[21] bezeichnete.

Diese ablehnende Haltung gegenüber der Judenmission wurde schon in der 1979 erschienenen Schrift Judenmission heute[22] vertreten. Darin setzt sich Heinz Kremers ganz entschieden für das unwiderrufliche Ende der christlichen Judenmission ein. Der gleichen Meinung ist Eva Fleischner in ihrem von ihm

---

[16] Ibid.

[17] http://www.lcje.net/willowbank.html (15.04.2011).

[18] http://www.lausanne.org/de/all-documents/manila-manifesto.html (13.04.2011).

[19] Tuvya Zaretsky, *Das Evangelium – auch für Juden* (Basel: Brunnen-Verlag, 2006), S. 17.

[20] Ebd.

[21] Union of American Hebrew Congregations, heute Union for Reform Judaism, ist eine US-amerikanische Organisation zur Unterstützung von jüdischen Reformgemeinden in den USA.

[22] Heinz Kremers, *Judenmission heute?: Von der Judenmission zur brüderlichen Solidarität und zum ökumenischen Dialog* (Neukirchen-Vluyn: Neukirchener Verlag, 1979).

erwähnten Buch Das Judentum in der christlichen Theologie in Deutschland seit 1945, in dem die Autorin drei verschiedene Einstellungen zur Judenmission bei deutschen evangelischen Theologen beschreibt. Theologen wie Paul Aring halten an der klassischen Judenmission fest. K. H. Rengstorf, G. Harder und W. Holstein sind für Dialog anstelle von Mission, wobei nach Ansicht von Eva Fleischner die Bekehrung der Juden das Ziel des Dialogs ist. H. J. Kraus und H. Kremers plädieren für ein klares Nein zur Judenmission.

Die zweite Position Dialog statt Mission findet Befürworter auch auf jüdischer Seite. Im Jahre 2000 wurde von einer kleinen Gruppe jüdischer Gelehrter unterschiedlicher jüdischer Strömungen[23] eine Stellungnahme über Christen und Christentum mit dem Titel Dabru Emet דברו אמת publiziert. Der Ausdruck Dabru Emet bedeutet „Sprecht die Wahrheit" (vgl. Sach 8,16). Diese Stellungnahme stellt acht Thesen auf, die auf Gemeinsamkeiten zwischen Juden und Christen hinweisen und den „unverändert gültigen Bund Gottes mit dem jüdischen Volk" hervorheben. Dabei nimmt Dabru Emet die eindeutige Haltung ein, dass „die christliche Art zu glauben für Juden keine annehmbare religiöse Alternative darstellt."[24] Nach den Vertretern der Dialog-Position sollen Juden und Christen einander bereichern, aber jeder sollte in seinem Glauben bleiben, weil sowohl Judentum als auch Christentum legitime Wege zu Gott seien. Dabei wird von den Verfechtern des Dialogs ganz bewusst der Absolutheitsanspruch Jesu ignoriert.[25]

In den letzten zehn Jahren hat die Debatte um die Judenmission neu an Intensität gewonnen. Die beteiligten Theologen suchten nach möglichen Lösungen für den Konflikt um die Judenmission. Dabei nahmen sie die Existenz der messianischen Juden als eine für die Theologie neue Wirklichkeit wahr.

2004 beschreibt Detlef Görrig in seiner Dissertation Die Wurzel trägt[26] ausführlich die Neuorientierung der Israeltheologie, unter anderem auch die Theologie der Judenmission. Für ihn steht fest: Die bleibende Erwählung Israels ist die Voraussetzung für die Ablehnung der Judenmission. In seiner Arbeit untersucht Görrig die offiziellen kirchlichen Verlautbarungen zur Judenmission von 1945 bis 2000.

Eine der grundlegenden Monografien über Judenmission ist das 2006 von Robert Brandau veröffentlichte Buch Innerbiblischer Dialog und dialogische

---

[23] Tuvya Zaretsky, S. 17.

[24] http://www.jcrelations.net/de/?item=1046 (07.04.2011).

[25] Vgl. Joh 14,6.

[26] Detlef Görrig, Die Wurzel trägt: Israels „bleibende Erwählung" und die „Mission" der Kirche (Frankfurt am Main: Verlag Otto Lembeck, 2004).

Mission.[27] Darin bezieht er sich auf die evangelische Judenmission des 18. und 19. Jh., beschreibt die Israellehre Karl Barths und die ökumenische Missions- und Dialogtheologie. Der Autor lehnt selbst die Judenmission ab, gibt uns aber eine hervorragende Übersicht über die Entwicklung der Theologie der Judenmission.

Einen sehr wichtigen Beitrag zum Thema Judenmission leistet Stefanie Pfister mit ihrer Doktorarbeit Messianische Juden in Deutschland[28], die 2007 erschienen ist. Die Existenz der messianischen Gemeinden in Deutschland selbst lasse die Kirche eine theologische Antwort auf die Frage suchen: Was ist unser Auftrag als Christen gegenüber den Juden, die unter uns leben? Dürfen Christen nach dem Holocaust Juden in Deutschland das Evangelium weitersagen? Ich untersuche diesen wertvollen theologischen Beitrag und nehme besonders im letzten Teil meiner Arbeit darauf Bezug.

Auch über die Judenmission in Israel gibt es theologische Veröffent-lichungen und Arbeiten. In ihrer Semesterarbeit „Kommunikation des Evangeliums in fremden Kulturen am Beispiel Israel" (2010) beschreibt Judith Schellenberger die Chancen und Herausforderungen der modernen Judenmission in Israel. Sie behandelt die zentrale, für die Theologie der Judenmission relevante Frage: Wie könne den Juden nach 2000-jähriger für sie vor allem leidvoller Geschichte der Beziehung von Christentum und Judentum das Evangelium verkündigt werden? Dabei skizziert sie, wie die so genannte Substitutionstheologie gravierende „Kommunikationsstörungen" hervorgerufen hat. Da die Kirche das Erbe der Juden übernommen habe, hätte keine Notwendigkeit bestanden, ihnen das Evangelium zu verkündigen. Ebenso versperre der Anspruch der Kirche, das wahre Israel zu sein, den Juden den Weg zum Evangelium.

Der Streit über die Judenmission dauert an. Trotz der Diskussion der Theo-logen und des Streites der Kirchenpolitiker kommen Juden zum Glauben an Jesus. Meine Arbeit soll Theologen eine Orientierung im Blick auf die Aus-einandersetzung um diese Frage bieten und sie ermutigen, die Judenmission als beständigen Auftrag der Kirche zu erkennen.

1.3 Begriffserklärung

Der Begriff „Judenmission" ist ein „missbrauchtes und missverständliches Wort", wie es Erika Krimmer in einem Kommentar im DS – Das Sonntags-

---

[27] Robert Brandau, *Innerbiblischer Dialog und dialogische Mission: Die Judenmis-sion als theologisches Problem* (Neukirchen-Vluyn: Neukirchener Verlag, 2006).

[28] Stefanie Pfister, *Messianische Juden in Deutschland: Eine historische und religi-onssoziologische Untersuchung* (Berlin: Lit Verlag Dr.W. Hopf, 2008).

blatt[29] ausdrückte. Und das stimmt: Nicht nur unter normalen Kirchenmitgliedern, sondern auch unter Theologen gibt es keine Übereinstimmung über diesen Begriff. So definiert Prof. Heinz Kremers: „Das Wort Judenmission umfasst alle Aktivitäten der Kirchen, die mit dem Ziel unternommen werden, Juden zu Christen zu machen, indem sie aus ihrem Volk … herausgelöst und einer heidnischen Kirche eingegliedert werden."[30] Bei einem solchen Verständnis von Judenmission ist es nicht verwunderlich, dass viele Juden, darunter vor allem Rabbiner und Orthodoxe die Judenmission als eine Bedrohung der jüdischen Existenz verstehen und mit allen Mitteln gegen sie kämpfen.

Wenn man Mission als „Gesandt sein" zu anderen Menschen im Namen Gottes definiert, kommt man zu einem anderen Verständnis. So unterstreicht Hartmut Renz die zweifache Abgrenzung vom herkömmlichen Begriff der Judenmission: im Blick auf die Methode, indem jeder Zwang und Druck als falsch und dem Evangelium nicht gemäß bezeichnet wird und im Blick auf den Inhalt, dass das Ziel, Juden aus ihrem Volk herauszulösen, ebenso abzulehnen ist.[31] Im Grunde genommen muss man die Mission unter Juden als Konsequenz der „Missio Dei" verstehen, deren Grundlage die Sendung Jesu zu seinem Volk Israel ist (Joh 20,21, Apg 1,8).[32]

Dabei ist es wichtig zu verstehen, wie sich die Bedeutung des Begriffes „Judenmission" im Lauf der Theologiegeschichte verändert hat. Das Neue Testament betont unmissverständlich die Priorität der Mission unter dem Volk Israel (Joh 20,21; Röm 1,16). Davon zeugt auch die Missionspraxis der Apostel Petrus und Paulus. Eine weitere Wende im Verständnis der Judenmission kam mit der Anerkennung des Christentums als Staatsreligion im 4.Jh., mit der Entfremdung der Kirche von ihren jüdischen Wurzeln und der Etablierung der Substitutionslehre, die Israel als Gottes Volk durch die Kirche abgelöst sieht. Der Vorwurf, Gott getötet zu haben und die ewige Schuld dafür wurde auf alle folgenden Generationen der Juden ausgedehnt. Die Zerstörung des Jerusalemer Tempels und die andauernde Zerstreuung des jüdischen Volkes wurden als Beweis dafür verstanden, dass Gott das jüdische Volk bestraft und für immer verworfen hat. Martin Jung betrachtet diese

[29] Abgedruckt in idea Dokumentation 22/95 mit dem Titel „Sollen Christen Juden missionieren?" S. 38.
[30] Heinz Kremers, *Judenmission heute? Von der Judenmission zum ökumenischen Dialog* (Neukirchen-Vluyn: Neukirchener Verlagsanstalt, 1979), S. 8, zitiert aus Evangelisches Missionswerk in Deutschland, N104.
[31] Vgl. Hartmut Renz, „Die Bedeutung der Judenmission für die Kirche", Evangelische Sammlung in Württemberg, 1996, S. 24.
[32] Ibid.

Argumente als Grundlage für die Substitutionslehre: „Das jüdische Volk war nunmehr also von Gott bleibend gestraft und auf Dauer verworfen, und daran konnte als weiterer Gedankengang die These angeschlossen werden, Israel sei als Volk Gottes durch die Kirche abgelöst worden."[33]

Die Mission an den Juden während des Mittelalters geschah, wenn überhaupt, – dann vorwiegend mit Zwang. Obwohl in der Reformationszeit die Judenmission von neuem aufgegriffen wurde, wurde sie dadurch nicht attraktiver, da nach anfänglich positiver Einstellung Luthers die späteren hasserfüllten Äußerungen des Reformators die Beziehungen zwischen Juden und Christen stark beeinträchtigt wurden. In Kap. III wird ausführlich darüber berichtet. In der Zeit des Pietismus blühte die Judenmission wieder auf und zeitigte zahlreiche fruchtbare Ergebnisse. Deswegen wird dieser Epoche der größte Teil der Arbeit gewidmet. Von erheblicher Bedeutung ist es, die damalige Judenmission mit ihren Motiven und Methoden zu verstehen, zu reflektieren und daraus einen positiven Ertrag für das messianische Zeugnis in der modernen Zeit zu gewinnen.

Gibt es Alternativen zum Begriff „Judenmission"? Dimitrij Chernousov schreibt in seiner Arbeit „Mission unter Juden in Deutschland nach 1945":

> Denkbare Begriffe wären „christliches" oder „messianisches Zeugnis", oder „Evangelisation", oder „Dialog". Alle diese Begriffe sind jedoch nicht eindeutig bestimmt und werden je nach Kontext sehr unterschiedlich gefüllt. Während zum Beispiel „christliches Zeugnis" für den einen ausschließlich das liebevolle Verhalten von Christen gegenüber Juden beinhaltet, schließt es für den anderen das mündliche Bezeugen seines Glaubens und der Aussagen der Bibel (auch des NT) selbstverständlich mit ein. Deswegen ist es nötig, gleichgültig welcher Begriff verwendet wird, zu klären, was unter diesem Begriff verstanden wird und was nicht. Es ist deshalb nicht entscheidend, welcher Begriff verwendet wird, sondern mit welchem Inhalt er gefüllt ist.[34]

Trotz der negativen Konnotation wird in dieser Arbeit hauptsächlich der Begriff Judenmission verwendet. Es wäre nicht gerecht, das heutige Missionsverständnis auf vergangene Epochen zu projizieren, sowie den Missbrauch von Judenmission schön zu reden. Erst im letzten Teil der Arbeit wird hauptsächlich der Begriff „christliches Zeugnis gegenüber Juden" statt „Judenmission" verwendet, weil diese Formulierung weder bei Juden noch bei

---

[33] Martin Jung, *Christen und Juden*, 40.

[34] Dimitrij Chernousov, „Mission unter Juden in Deutschland nach 1945" (Korntal: AWM, Semesterarbeit für das Fach BIB 6030 Theologie der Mission, 2004), S. 3.

Christen heutzutage negative Assoziationen weckt und viel besser für die Evangelisation unter dem jüdischen Volk geeignet ist.

Für diese Arbeit ist es notwendig, noch einen weiteren Begriff zu definieren, der als Frucht der Judenmission zu bezeichnen ist, nämlich die Bezeichnung für Juden, die zum Glauben an Jesus gekommen sind. Man meint, die ersten jesusgläubigen Juden hätten sich als Judenchristen definiert. Dem sei nicht so, weist Martin Jung nach, denn der Begriff stamme aus dem 17.Jh.: „… wo Christen, die sich am jüdischen Gesetz orientierten, als „Jewish Christians" und „Christen-Juden" bezeichnet wurden."[35]

Selbst im NT findet man unterschiedliche Begriffe für Juden, die sich zu Jesus bekannten. So nennt sie Paulus „die aus der Beschneidung" (Gal 2,12). Später wurden sie von den anderen Juden als „Nazarener" *(nozrim)* bezeichnet.[36]

Im 1. und 2. Jh. tauchen in den Schriften der Kirchenväter unterschiedliche Begriffe für jesusgläubige Juden auf. Die Bezeichnung Ebioniten *(ebjonim)* ist zuerst bei Irenäus belegt (Iren. haer. I,26,2).[37] Ursprünglich war dies die Selbstbezeichnung einer judenchristlichen Gruppe, die sich als „vor Gott Arme", d.h. als „Fromme" verstand.[38] Auch die Bezeichnung „die zum Weg Gehörenden" (Apg 19,9; 22,4) ist eine wichtige Bezeichnung im NT für die Nachfolger Jesu, sowie Hebräer (Apg 6,1) für die hebräisch- und aramäischsprechenden Nachfolger Jesu und Hellenisten (Apg 6,1; 9,29) für die griechischsprechenden. Das Große Bibellexikon bemerkt, „Diese beiden Gruppen waren missionarisch tätig und zwar zunächst unter ihren Landsleuten."[39] In der frühen Christenheit taucht der Begriff „hebräische Gläubige" auf und im Mittelalter nannte man einen getauften Juden einen „Christen aus dem Judentum."[40] Für die spätere Zeit ist die Bezeichnung „Christen jüdischer Herkunft" am passendsten, wobei die Hauptbedeutung auf dem Grundwort „Christen" liegt.[41] Erst seit dem Entstehen der modernen messianischen Be-

---

[35] Martin H. Jung, *Christen und Juden: Die Geschichte ihrer Beziehungen* (Darmstadt: Wissenschaftliche Bibelgesellschaft, 2008), S. 47.

[36] Vgl. http://www.segne-israel.de/grundkurs/geschichte.htm (05.06.2011).

[37] Vgl. Stefanie Pfister, *Messianische Juden in Deutschland* (Berlin: Lit Verlag, 2008), S. 39.

[38] Ibid.

[39] Das Große Bibellexikon, Bd. 3 (Wuppertal: Brockhaus Verlag, 2009), S. 1148.

[40] Vgl. Martin H. Jung, *Christen und Juden: Die Geschichte ihrer Beziehungen* (Darmstadt: Wissenschaftliche Bibelgesellschaft, 2008), S. 47.

[41] Vgl. Stefanie Pfister, *Messianische Juden in Deutschland* (Berlin: Lit Verlag, 2008), S. 41.

wegung erscheint der Begriff „messianische Juden". Durch diese Bezeichnung wird vor allem die Beziehung zum Messias Jesus betont, wie auch die
Identifikation mit dem eigenen Volk der Juden. Unter anderem beinhaltet der
Begriff gleichzeitig die positive Einstellung zur Tora und zur jüdischen Tradition. Die Tatsache, dass man den Begriff „Christen" oder „christlich" ver-
meiden will, liegt an der im Verlauf von 2000 Jahren entstandenen Kluft
zwischen Christen und Juden, sowie an dem Wunsch, sich nicht vom jüdischen Volk abzusondern. Die Bezeichnung ist nicht ganz unproblematisch,
wenn man zwei Dinge bedenkt: Zum einen stammt die Etymologie des Wortes „messianisch" vom hebräischen Wort „Maschiach", was „Gesalbter"
bedeutet und wiederum auf das Urchristentum hinweist; zum anderen verstehen sich die meisten messianischen Juden als Teil des universalen „Leibes
Jesu" und somit als Geschwister der Christen. Trotzdem hat sich der Begriff
„messianische Juden" in den letzten 30 Jahren durchgesetzt und wird von
den meisten Christen auch akzeptiert.

2 Die Geschichte der Judenmission bis zur Reformation

2.1 Das messianische Zeugnis für das jüdische Volk

Jesus war Jude. Seine zwölf Jünger waren alle Juden. Die Urgemeinde in Jerusalem war jüdisch und zählte mehrere Tausend gesetzestreue Juden. [42] Viele Bibelkommentare z.b. Kommentar zum Neuen Testament von David Stern schreiben darüber. Was aber unbemerkt bleibt ist, dass die Urgemeinde sich bis zur Tempelzerstörung im Jahr 70 u.Z. nicht als Christentum, als eine neue Religion, sah. Das bestätigen Bullinger und Klaiber: „Die Anhänger des Messias sahen sich als integralen Bestandteil des Judentums."[43] Deswegen bevorzuge ich es, mindestens für diese Zeitperiode den Begriff messianisch statt christlich zu gebrauchen.

Die messianische Gemeinde in Jerusalem hatte ein hohes Ansehen bei der Bevölkerung (Apg 2,47) und hielt sich ohne Zweifel an den jüdischen Lebensstil mit täglichem Gebet im Tempel (Apg 2,46). Und sie verkündeten den auferstandenen Messias Jesus. Die direkten Adressaten dieser Verkündigung waren Juden.[44] Bullinger und Klaiber meinen, Jesu Sendung als Messias nur für Israel sei ihm von Anfang an bewusst gewesen (vgl. Mt 15,24). Auch seine Jünger seien angewiesen worden, nur „zu den verlorenen Schafen des Hauses Israel" zu gehen (vgl. Mt 10,5f.).[45] Als das Evangelium die Grenze Israels gemäß dem Missionsbefehl (Mt 28,19.20) überschritten hat, blieben sich seine Träger dieser Priorität bewusst: Paulus und Barnabas sahen sich während der Missionsreisen immer der Erwählung Israels verpflichtet. So schreibt Klaiber: „Immer wenn sie an einen anderen Ort kommen, verkündigen die beiden Schriftgelehrten das Wort Gottes ‚zuerst den Juden' in den Synagogen."[46] Mit der Mission des Apostels Paulus und der Ausbreitung des messianischen Glaubens kamen viele Proselyten und später auch Heiden zum Glauben an Jesus den Messias.

Die Theologie der Judenmission stand vor ihrem ersten theologischen Problem: Müssen die Heiden auch Juden werden, um an Jesus zu glauben? Apg

---

[42] Vgl. Apg 21,20.

[43] Wilfried Bullinger & Wolf Klaiber, *Juden und Christen: 2000 Jahre tragische Geschichte*, (Korntal-Münchingen: Edition Feigenbaum, 2009), S. 23.

[44] Vgl. Arnulf Baumann, *Christliches Zeugnis und die Juden heute* Tagungsprotokolle – Evangelische Akademie Iserlohn, S. 3.

[45] Wilfried Bullinger & Wolf Klaiber, S. 12.

[46] Ebd., S. 18.

15 berichtet uns, wie dieses Problem von der jüdischen Seite gelöst wurde. Die Antwort der Apostel war: Die Heiden dürfen ihre ursprüngliche Identität behalten und müssen keine Juden werden. Diese epochemachende Entscheidung öffnete den Heiden den Zugang in die zukünftige christliche Gemeinde. Nur einige Jahrhunderte später standen die christlichen Teilnehmer der Konzile vor der Gegenfrage: Müssen Juden ihre jüdische Identität ablegen, um Christen zu werden? Diese Frage wurde bejaht und damit versperrte man den Juden für viele Jahrhunderte den Zugang in die christlichen Gemeinden und machte die Judenmission zunichte.[47]

Zum Ende des 1. Jh. gab es schon mehr Heiden, die Christen wurden, als Juden. Aus einer messianisch-jüdischen Bewegung wurde eine mehrheitliche heidenchristliche Kirche, die nicht mehr auf die biblisch-jüdische, sondern auf die hellenistisch-heidnische Weltanschauung ausgerichtet war. Die letztere drückte sich z.B. in der Ablehnung des jüdischen Gesetzes und somit in einer negativen Einstellung zum Alten Testament aus. Auch wurde der Termin des Osterfestes im Gegensatz zu der Vorstellung des Judenchristentums verschoben. So Kai Kjaer Hansen: „Für das jüdische Element im Christentum fand sich immer weniger Verständnis, und dies führte – in Verbindung mit einer feindseligen Haltung gegenüber den Juden – zum Ende der Judenchristen."[48] Das hatte gravierende Auswirkungen auf das Missionsverständnis innerhalb der Kirche.

Wie verstanden die ersten Jünger Jesu den Missionsauftrag, den Jesus ihnen gegeben hatte? Wir gehen davon aus, dass der Gedanke der Mission dem Judentum nicht fremd war. Manchmal gezielt, manchmal sporadisch haben z.B. die Pharisäer Heiden missioniert und diese „Proselyten" in das Judentum integriert. Interessant ist, dass dieser Missionsgedanke schon bei den Propheten vorkommt. In Jes 49,6 soll der „Knecht Gottes" in der Zukunft nicht nur die Zerstreuten Israels sammeln, sondern auch das „Licht der Heiden" sein. Dieser Gedanke wurde von den Schriftgelehrten eschatologisch verstanden. Für die Jünger Jesu und auch für den Apostel Paulus brach mit der Auferstehung Jesu von Nazareth die Endzeit an. Selbstverständlich beinhaltete sie auch die Übergabe der Guten Botschaft an andere Menschen, die keine Juden waren.[49] Aber die Juden sollten die ersten Empfänger des Evangeliums sein. Das wird deutlich aus dem Missionsbefehl in Mt 28,19,20, als Jesus den jüdischen Aposteln

---

[47] Vgl. Stefanie Pfister, *Messianische Juden in Deutschland* (Berlin: Lit Verlag, 2008), S. 48,49.

[48] Kai Kjaer Hansen, Ole Chr. M. Kvarme, *Messianische Juden* (Erlangen: Verlag der Ev.-Luth. Mission Erlangen, 1983), S. 26.

[49] Vgl. Martin H. Jung, *Christen und Juden: Die Geschichte ihrer Beziehungen* (Darmstadt: Wissenschaftliche Bibelgesellschaft, 2008), S. 22.

die Anweisung gab, bei ihrem Volk anzufangen. Auch der Jude Paulus schrieb in seinem Brief an die römische Gemeinde von der Priorität, dass den Juden zuerst das Evangelium gebracht werden soll.[50]

Die ersten jüdischen Nachfolger Jesu haben den Missionsauftrag nach ihren Möglichkeiten erfüllt: Das Evangelium wurde von Jerusalem über Judäa und Samaria bis nach Griechenland, Kleinasien und schließlich bis nach Rom verbreitet und sein Inhalt treu wiedergegeben. Nicht nur das Evangelium, sondern auch die Lebensweise der Nachfolger des Messias, d.h. Gottes Weisung, Lehre, Tora sollte von Jerusalem aus zu den Völkern getragen werden: „Das Bleiben im Glauben und an der Lehre Jesu hat der Herr seinen Aposteln zur Lehre für die Völker aufgetragen (Mt 28,20). Der Urgemeinde war dieses Vermächtnis des Auferstandenen eine Selbstverständlichkeit (Apg 2,42), die Gründung einer neuen christlichen Religion deswegen unvorstellbar."[51]

Man kann nicht über Judenmission schreiben, ohne den Beitrag der ersten beiden Generationen von Nachfolgern Jesu zu würdigen. So schreibt Tuvya Zaretsky: „Jüdische Jesusgläubige waren die ersten Missionare, Kirchengründer und Märtyrer. Sie haben als Erste die Gute Nachricht vom Messias überall in der griechisch-römischen Welt verbreitet."[52] Mit der Zerstörung des Tempels im Jahr 70 n.Chr. und der Vertreibung der Juden aus Israel im Jahre 135 n.Chr. ging der Missionsauftrag von den jüdischen Nachfolgern Jesu auf die Heidenchristen über. Seitdem konnte man nicht mehr von einem messianischen Zeugnis sprechen, so wie es von den Aposteln und der Urgemeinde verstanden wurde. Trotzdem gab es immer wieder in der Geschichte jüdische Jesusgläubige. Bis ins 4.Jh. konnte man noch die Spuren der jüdischen Gruppen verfolgen, die „ihre jüdische Identität neben ihrem christlichen Glauben zum Ausdruck brachten."[53]

2.2   Kirchenväter und Judenmission

Eine dramatische Entwicklung der Geschichte muss erwähnt werden, denn in der Kirche geschah ein Paradigmenwechsel. Das neuentstandene Christentum sah sich als selbständige neue Religion. Das Judentum wurde mehr und mehr als eine überholte Religion angesehen. Es war unvermeidlich, dass durch diese Einstellung das Missionsverständnis der Christen beeinflusst wurde. Zwar wusste man noch, dass das Evangelium weitergegeben werden

---

[50]   Röm 1,16.

[51]   Vgl. Wilfried Bullinger & Wolf Klaiber, S. 14.

[52]   Tuvya Zaretsky, (H), *Das Evangelium – auch für Juden: Impulse aus der messianischen Begegnung* (Basel und Gießen: Brunnen Verlag, 2006), S. 35.

[53]   Ebd., S. 35.

muss. So führt Armin Sierszyn aus: „Die Mission der Alten Kirche ist nicht organisiert. Es gibt weder Missionsräte noch Missionsgesellschaften. Es wird planlos missioniert. Alle Christen sind beteiligt. Man ist immer zugleich Zeuge oder man ist kein Christ."[54] Allerdings wurde die biblische Priorität in Bezug auf die Verbreitung des Evangeliums, die besagt, dass „den Juden zuerst" (Röm 1,16) das Evangelium verkündigt werden soll, nicht mehr berücksichtigt. Im Gegenteil, die Argumentation der „Kirchenväter"[55] in ihren Schriften wiesen in eine ganz andere Richtung. So schreibt Jurek Schulz: „Im Blick auf die Bedeutung Israels setzten sie erste theologische Schwerpunkte, deren Entfaltung in späteren Zeiten leider dem christlichen Antisemitismus die Türen öffnete."[56] Die meisten Kirchenväter lehnten das Judentum und die Juden ab. Sogar einflussreiche Männer Gottes wie z.B. Justin, Tertullian, Eusebius, Chrysostomus, Hieronymus und Augustinus gehörten zu den Gegnern. Die jüdischen Gelehrten sahen in der Entwicklung eines solchen Christentums eine Gefahr. Deswegen verharrten sie in ihrer Abgrenzung von den Christen. Martin Jung führt es so aus:

Die Selbstdefinition, die vom 2. Jahrhundert an im Christen- und Judentum zur Profilbildung als eigenständige Religion führte, erfolgte in beiden Religionen unter Reduktion des jeweiligen religionsinternen Pluralismus. Sie geschah gleichzeitig unter Abgrenzung von der jeweiligen Schwesterreligion. Dabei war die Abgrenzung der Christen vom Judentum auf verbaler Ebene stärker als umgekehrt. Sie mündete in Antijudaismus. Verwandte wurden zu Fremden und dann zu Feinden. Das erste eindeutig und in grober Weise antijüdische Werk der frühen Christenheit ist der um 130 in Alexandrien entstandene Barnabasbrief. Der anonyme Verfasser – sicher nicht Barnabas, der Mitapostel des Paulus (Gal 2,12) – behauptete, Israel sei niemals Volk Gottes gewesen.[57]

---

[54] Armin Sierszyn, *2000 Jahre Kirchengeschichte* 2. Aufl. (Neuhausen-Stuttgart: Hänssler Verlag, 2000), S. 24.

[55] „Man bezeichnet als ‚Kirchenväter' für gewöhnlich die christlichen Schriftsteller des 1. Jh. als Repräsentanten der sogenannten frühkatholischen Tradition. Im 5. Jh. war die Bezeichnung bereits fest umrissen …" (Kurt Hruby, Aufsätze zum nachbiblischen Judentum und zum jüdischen Erbe der frühen Kirche, aus: Arbeiten zur neutestamentlichen Theologie und Zeitgeschichte (ANTZ), Bd. 5 (Berlin: Institut Kirche und Judentum, 1996), S. 415.

[56] Shlomo Drori; Jurek Schulz, *Von Eden bis zum Paradies* (Basel und Gießen: Brunnen Verlag, 2006), S. 126.

[57] Martin H. Jung, *Christen und Juden* S. 31.

Heussi bezeichnet in seinem *Kompendium der Kirchengeschichte* den Barnabasbrief als „schroff antijüdisch."[58] Obwohl die Kirchenväter hochbegabte Männer und treue Christen waren, sahen sie den Hass gegenüber Juden als Konsequenz der Liebe zu Jesus. So schreibt Johannes Chrysostomus um 387: „Man muss die Juden fliehen, wie eine die ganze Welt bedrohende Pest; man muss die Märtyrer nachahmen, die die Juden hassten, weil sie Christus liebten. Denn man kann das Opfer nicht lieben, ohne die Mörder zu hassen."[59] Das war eine der „mildesten" Aussagen der Kirchenväter über das jüdische Volk![60] Im Folgenden werden Entwicklungen innerhalb der Christenheit aufgezeigt, die nicht nur die Judenmission als solche behinderten, sondern auch die Empfängnisbereitschaft der Juden gegenüber dem Evangelium untergruben.

Klemens (ca. 160-215), einer der ersten Kirchenväter, legte die Bibel allegorisch aus. Diese Auslegungspraxis führte dazu, dass alle Verheißungen, die dem Volk Israel in der Bibel gegeben wurden, auf die christliche Kirche übertragen wurden. Dieses Gedankengut gewann an Bedeutung bei Augustinus, der es theologisch verarbeitete.[61] Auch früher schon wurde diese Lehre durch Tertullian vertreten. So schrieb er um 200 n.Chr.: „In der Prophezeiung des Alten Testaments ist die Ankunft Christi zur Erlösung der Heidenvölker angekündigt, aber auch die Verwerfung der Juden."[62] Solche Ansichten führten dazu, dass die Gemeinde Jesu, die jetzt überwiegend aus Heidenchristen bestand, keine Notwendigkeit mehr für die Verkündigung des Evangeliums unter den Juden sah.

Zur Ehrenrettung der Kirchenväter sollte gesagt werden, dass ihre Hauptaufgabe, so Shlomo Drori und Jurek Schulz: „... war eigentlich nicht so sehr die Verkündigung des Glaubens an sich, sondern das Einstehen für die unverfälschte Wahrheit des Evangeliums, indem sie sich darum bemühten, den

---

[58] Karl Heussi, *Kompendium der Kirchengeschichte* 15. Aufl. (Tübingen: J. B. C. Mohr 1979), S. 36.

[59] Marcel Simon, Versus Israel, Paris 1948, S. 164, zitiert in Rudolf Pfisterer, *Quellen zu Fragen um Juden und Christen* (Neukirchen-Vluyn: Aussaat- und Schriftenmission-Verlag GmbH, 1971), S. 13.

[60] Vgl. Michael Brown, *Unsere Hände sind mit Blut befleckt* (Wittmund: Mega Medien KG Wittmund, 2000), S. 30-35.

[61] Kurt Hruby, *Aufsätze zum nachbiblischen Judentum und zum jüdischen Erbe der frühen Kirche*. Arbeiten zur neutestamentlichen Theologie und Zeitgeschichte, 5. Bd. (Berlin: Institut Kirche und Judentum, 1996), S. 440.

[62] Bernhard Blumenkranz, Die Judenpredigt Augustins, Basel 1946, S. 10, Zitiert in Rudolf Pfisterer, *Quellen zu Fragen um Juden und Christen* (Neukirchen-Vluyn: Aussaat- und Schriftenmission Verlag GmbH, 1971), S. 416.

Glauben schriftlich zu verteidigen."[63] Aus diesem Grund wurden einige Kirchenväter auch Apologeten[64] genannt. Als eine Gattung ihrer Apologetik gegen den Judaismus entstand die so genannte Adversus-Judaeos Literatur. Man muss auch die Motivation dieser Gottesmänner richtig verstehen. Es ging ihnen nicht primär um eine Auseinandersetzung mit dem Judentum. So legt Leonhard Goppelt dar: „Die ‚altchristlichen Apologeten' wollen das Daseinsrecht des Christentums in der Geschichte, …, vor dem Forum griechischen Denkens erweisen."[65] Dieses Ziel führte allerdings zu einer unvermeidlichen Konfrontation mit dem Volk der Juden. So führt Harald Eckert aus:

> Die Hauptmotivation ist zunächst, den Menschen der griechisch-römischen Welt die Überlegenheit des Christentums gegenüber dem Judentum zu demonstrieren und an zweiter Stelle, Christen vor der Anziehungskraft des Judentums zu warnen. Wird diese Auseinandersetzung zu Anfang noch mit relativer Sachlichkeit geführt, nimmt sie im Laufe der Zeit zunehmend polemischen Charakter an.[66]

Die antijüdische Apologetik in der Adversus-Judaeos Literatur stellte folgende Hauptthesen auf, die die christliche Theologie im Mittelalter wesentlich geprägt haben:

1. Die Enterbung und Verwerfung Israels präzisierte sich in der Substitutionslehre (Enterbungs-, bzw. Ersatztheologie).

2. Die typologisch-allegorische Auslegung der Bibel wurde zu einem maßgeblichen „hermeneutischen Schlüssel".[67]

---

[63] Shlomo Drori; Jurek Schulz, *Von Eden bis zum Paradies* (Basel und Gießen: Brunnen Verlag, 2006), S. 131.

[64] „Unter Apologetik fasst die Patrologie griechisch-christliche Schriftsteller des 2. Jahrhunderts" – eben die Apologeten – „zusammen, die sich über die schlichte Weitergabe der Offenbarung hinaus (…) vor die Aufgabe gestellt sahen, das im 2. Jh. stark in die hellenistische Kultur u. Religion hineinwachsende Christentum gegen den Judaismus, gegen das Heidentum und von daher auch gegen den beginnenden Gnostizismus zu verteidigen." Aus Rahner Karl, Theologisches Taschenlexikon 1972, Bd. 1, S. 157, Artikel „Apologeten" von Hugo Rahner.

[65] Leonhard Goppelt, *Christentum und Judentum im ersten und zweiten Jahrhundert – ein Aufriss der Urgeschichte der Kirche* (Gütersloh: C. Bertelsmann Verlag, 1954), S. 284.

[66] Harald Eckert, „Die Auseinanderentwicklung von Judentum und Christentum im patristischen Zeitalter" (Ditzingen: Werkstatt für Gemeindeaufbau, Akademie für Leiterschaft, Seminararbeit für das Fach K1 1400 Kirchengeschichte 1, 2001), S. 6.

[67] Vgl. Harald Eckert, a.a.O., S. 7.

3. Der Vorwurf des „Gottesmordes", nach dem den Juden allein die Verantwortung für den Tod Jesu auferlegt wurde. Logischerweise „könne es" für solchen „Gottesmord" „keine Vergebung, nur noch einen ewigen Fluch geben."[68] Daraus folgt:

4. Israel kann nur noch als Demonstrationsobjekt des Zornes Gottes betrachtet werden. Diese These war für die Judenmission und vor allem für die Exegese des AT schädlich. So schreibt Eckert:

> Die Beliebigkeit der patristischen Exegese zeigt sich daran, dass zwar alle Verheißungen alttestamentlicher Prophetie allegorisch-typologisch auf die Kirche übertragen wurden, die Fluch- und Gerichtsvorhersagen aber im wortwörtlichen Sinne dem jüdischen Volk zugeordnet blieben.[69]

Martin Jung bringt die theologischen Argumente der Adversus-Judaeos Literatur auf den Punkt:

> Die Adversus-Judaeos-Autoren bringen in ihren Schriften theologische Argumente vor, die überwiegend neutestamentlich fundiert sind. Im Zentrum der gleichförmigen, sich wiederholenden Argumentationsketten stehen die Messianität Jesu, der Gottesmord-Vorwurf, die Deutung von Tempelzerstörung und Diasporaexistenz als Gottesstrafe, die Ablösung Israels durch die Kirche und die Außerkraftsetzung des jüdischen Gesetzes.[70]

Die biblisch motivierte Judenmission, die aus dem messianischen Zeugnis der Urgemeinde hervorgehen sollte, wurde mit der Etablierung des Christentums zur Karikatur. So stellt Wilhelm Mauer fest:

> Mit solcher Abschließung gegenüber der Synagoge, mit solchem Verzicht auf missionarische Aktivität ist aber die Linie der Auseinandersetzung, die Paulus eingeschlagen hatte und die aus Römer 9 bis 11 eindeutig zu erkennen ist, völlig verlassen. Das Verschwinden des ursprünglichen Paulinismus, das sich überall in der nachapostolischen Zeit nachweisen lässt, macht sich auch im Verhältnis der Synagoge gegenüber geltend. Das ist gerade hier ein besonders beklagenswerter Verlust. Unter seinem Zeichen steht die ganze folgende Auseinandersetzung.[71]

---

[68] Bullinger & Klaiber, a.a.O., S. 28.

[69] Eckert, a.a.O., S. 9.

[70] Martin H. Jung, *Christen und Juden*, S. 39.

[71] Wilhelm Maurer, *Kirche und Synagoge – Motive und Formen der Auseinandersetzung der Kirche mit dem Judentum im Laufe der Geschichte* (Stuttgart: W. Kohlhammer Verlag, 1953), S. 15.

Das Wachstum der Christenheit zog die Aufmerksamkeit der Obrigkeit auf sich. Nach der Zeit der diokletianischen Verfolgung gewährte das im Jahre 312 von Kaiser Konstantin erlassene Mailänder Edikt den Christen die volle Religionsfreiheit. Die nichtjüdische Kirche war nicht imstande, missionarische Aktivitäten gegenüber dem Judentum durchzuführen. An die Stelle der Liebe, die Jesus und die Apostel gegenüber dem jüdischen Volk hatten, war Ablehnung und Hass gegenüber den Juden getreten. Es entstand ein Identitätsvakuum[72] in der Kirche, aufgrund dessen viele Elemente aus der griechischen Mysterienreligion in das Christentum eingeflossen sind. Der Kampf mit dem wachsenden Einfluss des Gnostizismus war einer der Gründe für die Einberufung des ersten allgemeinen Konzils in Nicäa (325). Unter den 318 Bischöfen, die daran teilnahmen, gab es keinen mit jüdischer Herkunft. Solchen wurde die Teilnahme verwehrt. Heussi bezeichnet die Beschlüsse von Nicäa als die „… Rettung der Theologie vor dem Zerfließen in philosophische Spekulation."[73] Doch für die Judenmission und für das jüdische Volk im Allgemeinen bedeuteten sie eine weitere Belastung. Danach wurden nach Bullinger & Klaiber in Nicäa:

„Theologisch wesentliche Weichenstellungen vorgenommen, die das Verhältnis zu den Juden weiter belasteten. So wurde u.a. der Termin des christlichen Osterfestes im Kalender so festgelegt, dass er fortan nicht mehr mit dem jüdischen Passahfest zusammenfallen konnte, das von Christen nicht mehr gefeiert werden durfte."[74]

2.3 Judenmission im Mittelalter

Haben die Christen im Mittelalter versucht, den Juden das Evangelium weiterzusagen? Unsagbar schreckliches Leid begleitete die Juden zwischen Antike und Neuzeit: Kreuzzüge, Pogrome, Zwangstaufen, blutige Inquisition, der Vorwurf des „Gottesmordes", der Vorwurf der „rituellen Hostienschändung", der Vorwurf des „Ritualmordes". Die Juden wurden verfolgt, verjagt und vertrieben. „Taufe oder Tod!", – war das Motto der Kirche gegenüber den Juden. Durch die Taufe konnten sie zum christlichen Glauben übertreten. Dabei wurde von ihnen „… ausdrücklich verlangt, ihr jüdisches Leben völlig abzulegen."[75] Ein Jude, der zum Christentum übertreten wollte, musste folgende Schwurformel sprechen:

---

[72] Vgl. Eckert, S. 18.
[73] Karl Heussi, Kompendium der Kirchengeschichte 15. Aufl. (Tübingen: J. B. C. Mohr, 1979), S. 97.
[74] Bullinger & Klaiber, a.a.O., S. 29.
[75] Shlomo Drori; Jurek Schulz, S. 139.

Ich verzichte auf alle Bräuche, Riten, Gesetze, ungesäuertes Brot, Feste der Lämmer der Hebräer, Opfer, Gebete, Reinigungen, heilige Dinge ... Kommentare, Synagogen und Speisen und Getränke an die Hebräer ... Ich akzeptiere alle Bräuche, Riten, Gesetze, Feste und Opfer der Römer ... heilige Dinge durch den Pontifex Maximus (der hohe Priester in Rom) ... Ich akzeptiere, dass absolut alles römisch ist, jedes neue Gesetz, jeder Ritus und Brauch von Rom, die neue römische Religion.[76]

Mit anderen Worten bedeutete Bekehrung für Juden eine „... Verleugnung des Judentums und eine Auslöschung ihres Judeseins."[77] Deshalb setzten Juden alles daran, nicht zum Christentum übertreten zu müssen. Sie erarbeiteten verschiedene Methoden, um theologisch dem Christentum zu widerstehen und die ihnen einmal gegebene Offenbarung vor den heidnischen Einflüssen zu bewahren. Oft entschieden sich die Juden für den Tod. So Martin Jung: „Die Juden sahen im freiwilligen Märtyrertod angesichts einer drohenden Zwangstaufe eine Tat zur Ehre Gottes und sprachen von der ‚Heiligung des (göttlichen) Namens' *(Kiddusch ha-Schem)*."[78] Es ist beachtlich, dass Martin Jung in der Darstellung der Komplexität der Beziehungen zwischen Juden und Christen im Mittelalter nicht einseitig wird, sondern auch immer wieder positive Ausnahmen von der Regel erwähnt. So beschreibt er Bernhard von Clairvaux, den Abt der Zisterzienser, der hinsichtlich seiner Position den Juden gegenüber eine große Ausnahme in dieser grausamen Zeit war. Er nahm die Juden in Schutz. Seine Motivation war nicht nur Mitleid, sondern hatte auch theologische Hintergründe. Für ihn war das Judesein Jesu wichtig und er glaubte an die endzeitliche Bekehrung des Volkes Israel.[79] Für Martin Jung gibt es auch einen positiven Aspekt der Kreuzzüge, nämlich dass sie „Interesse am Heiligen Land und am Alten Testament förderten."[80] Diese Aussage entbehrt jeglicher Grundlage, weil dieses Interesse nur der Ausbeutung und Zerstörung des Heiligen Landes diente. Das alttestamentliche Volk Gottes konnte davon sehr wenig profitieren.

Immer wieder bildeten sich kleine Gruppen außerhalb der offiziellen Kirche, die eine positive Einstellung zum jüdischen Volk hatten. Es würde den Rahmen dieses Kapitels sprengen, ihre Theologien und Praktiken näher zu erläu-

---

[76] Los del Camino, Haim Levi, Stefano zitiert in Assemani, *Acta Sactorum Martyrum Orientallum bei Occidentallum,* Vol. 1. Roma, 1748), S. 105.

[77] Rudolf Pfisterer, *Von A bis Z, Quellen zu Fragen um Juden und Christen* (Neukirchen-Vluyn: Aussaat- und Schriftenmission Verlag GmbH, 1985), S. 66.

[78] Martin Jung, *Christen und Juden,* S. 71.

[79] Vgl. Martin Jung, *Christen und Juden,* S. 71.

[80] A.a.O., S. 72.

tern, deswegen beschränke ich mich auf das Wesentliche. Die Albigenser, Waldenser, sowie John Wyclif und Jan Hus waren Christen, die nicht nur die Autorität der katholischen Kirche in Frage stellten, sondern auch das jüdische Volk nicht ablehnten. Besonders pflegten sie eine eschatologische Hoffnung auf die endzeitliche Wiederherstellung Israels und das irdische Tausendjährige Reich. Solche Ausnahmen gründeten sich auf ein bestimmtes theologisches Verständnis der Rolle Israels, nämlich die Bekehrung einzelner Juden und die endzeitliche Rettung von Israels Rest und es hatte solche Ausnahmen ja bereits zur Zeit der Alten Kirche gegeben (z.B. Ambrosius).[81] Der Glaube an die endzeitliche Judenbekehrung war der Grund, warum auch Augustin, trotz seiner Ablehnung des Chiliasmus[82] Juden, die nicht an Jesus glaubten, mit Geduld begegnete.[83] An dieser Stelle ist es sinnvoll anzumerken, das gerade der Chiliasmus zu einer positiven Einstellung von Christen gegenüber Juden beigetragen hat. Er sollte dann noch eine bedeutende Rolle für die Judenmission des Pietismus spielen.

Die heidenchristliche Kirche hat durch die Jahrhunderte hindurch sehr oft die Menschen zum Übertritt zum Christentum gezwungen. So führt E. Chr. Achelis aus: „Das Mittelalter durchzieht eine dreifache Bekehrungsmethode: Belohnung, Gewalt und Zwang."[84] Das biblische Prinzip von Paulus „das Evangelium ist eine Kraft Gottes, die selig macht alle, die Juden zuerst, …"[85] – wurde vergessen oder missbraucht.

> Auch in Deutschland hörte man im Mittelalter nur von Zwangstaufen. Bei den Kreuzzügen, den Tatareneinfällen, bei dem schwarzen Tod fanden die blutigsten Verfolgungen statt, so dass die Päpste … sich der Juden ernstlich annehmen mussten, damit sie nicht ausgerottet wurden.[86]

In seiner wertvollen Monographie *Die Judenmission im Mittelalter und die Päpste*[87] beschreibt Peter Browe sehr ausführlich die mittelalterliche Juden-

---

[81]   Vgl. Martin Jung, *Christen und Juden*, S. 56.

[82]   Chiliasmus (von griechisch *chílioi*: tausend), auch Millenniarismus (von lateinisch *millennium*: Jahrtausend), tausendjährige Herrschaft Christi auf Erden am Ende der Weltgeschichte bzw. am Ende allen Unheils, http://www.enzyklo.de/Begriff/ Chiliasmus (29.07.2011).

[83]   A.a.O., S. 58.

[84]   E. Chr. Achelis, *Lehrbuch der praktischen Theologie*, Bd. 3 (Leipzig: J. C. Hinrichs'sche Buchhandlung, 1911), S. 386.

[85]   Röm 1,16.

[86]   E. Chr. Achelis, S. 389.

[87]   Peter Browe, *Die Judenmission im Mittelalter und die Päpste*, Band 4 (Roma: Libreria Saler, 1942).

mission im Abendland. Außer den schon oben erwähnten Zwangsmitteln, die in Spanien, Frankreich, England, Deutschland und Russland für die Mission benutzt wurden, erwähnt er die Zwangspredigten und Belehrungen, die Juden sich anhören mussten. Die Anstöße dazu kamen oft von den Päpsten. So schreibt Browe: „Gregor der Große hat einige Mal gemahnt, nicht mit Drohungen und Gewalt gegen die Juden vorzugehen, sondern sie durch Belehrung zu gewinnen, aber er selbst hat das nie versucht."[88] Es ist beeindruckend, dass einer der bedeutendsten Päpste (Gregor der Große) in seinen Briefen für die freie Entscheidung für den Glauben plädierte: „Von unserem Herrn Jesus Christus haben wir nie gehört, dass er jemand gewaltsam in seinen Dienst gezwungen habe", – schrieb er an den Fürsten Landulf von Benevent.[89] Auch die Franziskaner und Dominikaner waren sehr eifrig, Juden mit Zwangspredigten zu nötigen. Allerdings hatten sie keinen Erfolg. Das ist nicht verwunderlich, denn sie hielten „… ihre Predigten mehr gegen die Juden als für ihre Bekehrung."[90] Allerdings sollte man die Judenmission im Mittelalter nicht nur negativ bewerten. Sie wurde auch heftig unter Theologen thematisiert. Es gab damals wie heute deutliche Stellungnahmen pro und contra. So berichtet Jung über den Zisterzienser-Abt Adam von Pereigne, der Anfang des 13. Jh. wirkte und Judenmission kategorisch ablehnte. Seiner Meinung nach widerspreche sie dem Willen Gottes. Von Gott würden Juden mit geistlicher Blindheit geschlagen und nur Gott selbst könne sie wieder zum Glauben führen.[91] Manche moderne Gegner der Judenmission bringen dasselbe Argument, ohne vielleicht zu wissen, dass es schon so „alt" ist! Aber auch die Ansätze der Befürworter der Judenmission sind bemerkenswert. So erwähnt Jung einen Autor von Dialogliteratur, Raimund Lull, der es im 14. Jh. für nötig hielt „… zunächst Sprache und Kultur der zu Bekehrenden kennenzulernen, und wollte aus diesem Grund Sprachschulen einrichten."[92] Dieser Gedanke wurde auch später im Pietismus aufgegriffen und durchgesetzt.

Eine bemerkenswerte Beobachtung hinsichtlich der Theologie der Judenmission im Mittelalter macht Peter Browe. Er schreibt, dass seit dem 2. Jh. in der Kirche nicht mehr für die Errettung der Juden gebetet wurde. So Browe: „Nur gelegentlich haben noch einige Schriftsteller und Prediger, Hieronymus und Leo der Große, auf diese Pflicht hingewiesen."[93] Im frühen Mittelalter

---

[88] A.a.O., S. 13.

[89] A.a.O., S. 232.

[90] A.a.O., S. 34.

[91] Martin Jung, *Christen und Juden*, S. 84.

[92] A.a.O., S. 84.

[93] Peter Browe, S. 134.

verschwanden die Bittgebete um Heil und Bekehrung der Juden ganz aus der Liturgie der Kirchen. Diese Tatsache zeigt die völlige Ablehnung der Juden durch das Christentum, wenn man bedenkt, dass Christen für das beten, was ihnen wichtig ist, und dass die Errettung der Juden so bedeutsam für den Apostel Paulus war, dass er bereit war, dafür sein eigenes Heil aufs Spiel zu setzen.[94]

Wie kann man die Judenmission im Mittelalter beurteilen? Wenn wir uns von den unheiligen Mitteln, wie Zwangstaufen und Zwangsbekehrungen, distanzieren und nur auf die wenigen positiven und ehrlichen Missionsbemühungen seitens der Christen konzentrieren, kann man eher von einem Misserfolg als von einem Erfolg sprechen. Es gab wenige Juden, die freiwillig zum Christentum konvertiert sind. Ob es aus wirtschaftlichen oder politischen Gründen oder aus Überzeugung geschah, kann nur Gott beurteilen. Traurig ist dabei, dass sie alle, vor allem Gelehrte und ehemalige Rabbiner, in ihrem weiteren Leben sehr judenfeindlich auftraten. Manchen von ihnen verdanken die Juden die Einschränkung ihrer bürgerlichen Rechte. Auch Talmudprozesse und die Unterdrückung der hebräischen Bücher wurden nicht selten eben von diesen Konvertiten angeregt.[95] Peter Browe gibt folgende Gründe für den Misserfolg der Judenmission an:

Unkenntnis der hebräischen Sprache und des Talmuds. Christen hatten keine Chance, mit Juden zusammen das AT oder die jüdische Tradition zu diskutieren. Die griechische und lateinische Bibelübersetzung hatte keine Autorität bei den Juden.

Falsche Missionsmethode. Sogenannte Disputationen brachten keinen Erfolg, weil sie unter falschen Voraussetzungen stattfanden. So Browe: „Keiner von beiden (Juden und Christen) suchte erst die Wahrheit; jeder ging von der Voraussetzung aus, das die eigene Religion die wahre und die des anderen von Gott verworfen sei."[96] Außerdem wurden Disputationen taktlos geführt und die Juden wurden nicht als gleichberechtigte Partner akzeptiert.

Die wenigen konvertierten Juden wurden gleich nach der Taufe für die Judenmission eingesetzt. Es fehlte ihnen an Ausbildung und Kenntnis, aber vor allem an der richtigen Motivation.

Das religiöse und sittliche Leben der Christen gab den Juden keinen Grund, das Christentum als eine attraktive und anziehende Religion zu betrachten.

---

[94] Vgl. Röm 9,1-3.
[95] Vgl. Peter Browe, S. 206.
[96] A.a.O., S. 111.

Das schlechte Beispiel von Christen führte zum Misserfolg der Judenmission.[97]

Diese Gründe und die ganze unheilige Geschichte der Beziehungen zwischen
Juden und Christen zur Zeit des Mittelalters sollten uns nicht entmutigen,
sondern wir sollen daraus lernen und uns korrigieren lassen, was auch später
im Pietismus geschah. Allerdings können wir über die wirklichen Erfolge im
Pietismus nicht sprechen, bevor wir die Reformation und ihre Einstellung
zum Volk Israel betrachtet haben.

---

[97] Vgl. Peter Browe, S. 267-287.

3 Reformation und Judenmission

3.1 Im Vorfeld der Reformation

Mit der Reformation und dem lutherischen Motto: „Die Schrift allein", erwachte unter christlichen Theologen ein reges Interesse an den Originalsprachen der Bibel. Dieses Interesse fiel auf fruchtbaren Boden. Während der Epoche des Humanismus wirkten Juden auf Universitäten als Sprachlehrer. Das führte im Vorfeld der Reformation zum einen zur Entstehung der christlichen Hebraistik und zum anderen zu vermehrten Kontakten zwischen jüdischen und christlichen Gelehrten. Im Unterschied zum Mittelalter waren diese Beziehungen durch religiöse Toleranz geprägt, die zudem für den Humanismus charakteristisch war. Diese Toleranz schloss aber die Einladung zum christlichen Glauben nicht aus. So hielt der Basler Humanist Sebastian Castello die „Mission nur auf eine einzige Weise für möglich: durch eigene vorbildliche Frömmigkeit. Wenn Christen … unchristlich miteinander umgingen, gewönnen Juden einen Abscheu vor dem Evangelium."[98]

Solch vorbildliche Frömmigkeit und die Kontakte mit jüdischen Gelehrten blieben indes nicht ohne Folgen. Und so findet man in dieser Zeit einige jüdische Gelehrte, die vom christlichen Glauben überzeugt wurden. Berühmte Namen wie Matthäus Adrianus, ein spanischer Jude, der eine Zeitlang in Tübingen und Heidelberg unterrichtete, Bernardus Ebraeus, ein ehemaliger Rabbiner aus Göppingen, Immanuel Tremellius und Elchanan, ein ehemaliger Rabbiner aus Prag, waren anerkannte Sprachlehrer, die Christen wurden. Ob sie dabei ihre jüdische Identität ablegen mussten, bleibt offen.[99]

Allerdings gab es sowohl unter den Humanisten wie auch unter den christlichen Gelehrten auch solche, die vom Antijudaismus geprägt waren. Im Jahr 1513 musste der Tübinger Humanist Johannes Reuchlin den Talmud und andere außerbiblische jüdische Literatur vor Gericht verteidigen, damit sie nicht verdammt und verbrannt wurden. Der Ausspruch von Erasmus von Rotterdam aus dem Jahr 1513 drückte die Meinung vieler aus: „Wenn es die Rolle eines guten Christen ist, die Juden zu verabscheuen, dann sind wir alle gute Christen."[100] Vier Jahre später begann die Reformation. Sie brachte neue

---

[98] Vgl. Martin H. Jung, *Christen und Juden: Die Geschichte ihrer Beziehungen* (Darmstadt: Wissenschaftliche Bibelgesellschaft, 2008), S. 124-125.

[99] A.a.O., S. 127.

[100] Gert Theunissen, *„Christlicher" Antisemitismus*, Köln 1962, 12, zitiert aus Rudolf Pfisterer, Von A bis Z, Quellen zu Fragen um Juden und Christen (Neukirchen-Vluyn: Aussaat- und Schriftenmission Verlag GmbH, 1985), S. 14.

Hoffnung für die Juden, die im damaligen Europa als Menschen zweiter Klasse angesehen wurden, aber auch für die Judenmission.

3.2   Luther und seine Einstellung zu den Juden

Es würde in diesem Kontext zu weit führen, alle Facetten der komplizierten und vielschichtigen Einstellung Luthers zu den Juden aufzuzeigen. Darum weise ich nur auf jene Züge Luthers hin, die in unmittelbarer Verbindung zur Judenmission stehen.

Luther war der erste, der das Alte Testament aus dem Hebräischen ins Deutsche übersetzte. Er hat sich dabei unendlich viel Mühe um einzelne Textpassagen gemacht, z.B. bei den Psalmen. Allerdings hätte man bei Luther erwarten können, dass die Besinnung auf das Alte Testament ein besseres Verständnis für das Volk der Juden bewirkt. Aus diesem Verständnis heraus hätte eine biblisch fundierte Judenmission erwachsen können, wie sie später bei den pietistischen Vätern der Fall war. Zunächst sah es wirklich so aus, als ob Luther den wirklichen Grund des Misserfolgs der Judenmission erkannt hätte. In seiner *„Erklärung zum 22. Psalm"* (1513) kritisierte Luther mit harten Worten die Einstellung der Christen zu den Juden:

> Ich bitte euch darum, sagt mir: Wer wird zu unserer Religion übertreten, auch wenn er des wohlwollensten und geduldigsten Gemüts wäre, der so grausam und feindlich und nicht bloß unchristlich, sondern mehr als viehisch von uns behandelt wird? Die meisten Passionsprediger in der Osterwoche tun nichts anderes, als sie der Juden Mutwillen, den sie an Christus verübt, sehr schwer und groß machen und das Herz der Gläubigen verbittern. Wenn Hass gegen die Juden und Türken und Ketzer Christen macht, so sind in Wahrheit die Wüteriche die allerchristlichsten Leute. Wenn aber die Liebe Christen macht, so sind wir ohne Zweifel schlechter als Juden und Türken und Ketzer, da niemand Christum weniger liebt als wir.[101]

Luther blieb nicht bei dieser Feststellung stehen, sondern wollte auch die theologische Einstellung zu den Juden radikal ändern. Im Jahre 1523 veröffentlicht Luther die Schrift *„Dass Jesus Christus ein geborener Jude sei"*, in der er die Erwählung Israels und seine von Gott gegebenen Vorzüge betont: „Und wenn wir gleich hoch uns rühmen, so sind wir dennoch Heiden und die Juden von dem Geblüt Christi, wir sind Schwäger und Fremdlinge, sie sind Blutsfreunde, Vettern und Brüder unseres Herrn. Darum wenn man sich des

---

[101] Zitiert aus Eduard Lamparter, *Evangelische Kirche und Judentum* (Stuttgart: Brönner Nowawes, 1928), S. 7f.

Blutes und Fleisches rühmen sollte, so gehören ja die Juden Christo näher zu
als wir, wie auch S. Paulus Römer 9 (V. 5) sagt ..."[102]

Wenn man solche Worte liest und dabei bedenkt, dass die allgemeine Einstellung zu den Juden in der christlichen Gesellschaft sehr negativ war, dann
bekommt man Hochachtung vor einem solchen klaren Verständnis der
Schrift, aber auch vor dem Mut, gegen den allgemeinen Strom zu schwim-
men. Zudem bestätigt dies, dass die Reformation nicht aus dem Zweifel eines
unzufriedenen Mönchs und blinden Gegners des Papsttums geboren wurde,
sondern dass Martin Luther ein Gefäß der Offenbarung Gottes wurde, um die
Weltgeschichte zu verändern. Das Phänomen Luther bestand darin, dass er
nicht nur Toleranz und Achtung den Juden gegenüber förderte, wie wir es bei
Reuchlin und manchen anderen Humanisten entdecken, sondern auch ihre
Berufung in der Heilsgeschichte erkannt hatte, mindestens in seinen früheren
Schriften. So sagte er in einer Vorlesung über das Deuteronomium:

> Die Synagoge hat die Erstgeburt. Denn aus ihr ist Christus kommen, die
> Apostel aus dem Wort, und nicht aus den Heiden. Denn Johannes 4: „Das
> Heil kommt von den Juden." Darum soll man heutigen Tages die Juden
> nicht verachten, dieweil aus ihnen, nicht aus uns, die Herrlichkeit kommt,
> wie Paulus tut Römer 5. Denn sie sind die ersten Christen gewesen und
> ihnen sind versprochen und befohlen die Gespräche Gottes.[103]

Diese Forschungsarbeit hat vor allem das Ziel, sich mit der Einstellung Luthers zur Judenmission auseinanderzusetzen. Man kann aus Luthers Schriften
nicht erkennen, dass seine Position in dieser Frage immer eindeutig blieb. So
schreibt Luther in seiner „judenfreundlichsten" Schrift[104]: „Ich hoffe, wenn
man mit den Juden freundlich handelt und aus der heiligen Schrift sie säuber-
lich unterweist, es sollten ihrer viele rechte Christen werden und wieder zu
ihrer Väter, der Propheten und Patriarchen, Glauben treten ..."[105] Ein solcher
Ratschlag ist sehr bedeutsam für die Evangelisten, die heute unter dem jüdischen Volk arbeiten. Besonders die positive Einstellung zum jüdischen Volk
im Allgemeinen und eine kompetente, den Juden gemäße, Schriftauslegung
sind unabdingbare Voraussetzungen für die Evangelisation unter dem jüdi-

---

[102]   Martin Luther, *Dass Jesus Christus ein geborener Jude sei*, Ausgewählte Werke,
Ergänzungsreihe, Band 3 (München: Goldmann Verlag, 1938), S. 2f., 28.

[103]   Martin Luther, *Dass Jesus Christus ein geborener Jude sei*, Ausgewählte Werke,
Bd. 5 (Stuttgart: Calwer Vereinsbuchhandlung, 1932), S. 136f.

[104]   Martin Luther, *Dass Jesus Christus ein geborener Jude sei*, Ausgewählte Werke,
Ergänzungsreihe, Bd. 3 (München: Goldmann Verlag, 1938), S. 2f., 28.

[105]   A.a.O.

schen Volk. Zwar wird das Ziel verfehlt, wenn man aus Juden „rechte Christen" machen will, die ihre jüdischen Wurzeln verleugnen müssen. Von seinem Schriftverständnis her konnte Luther allerdings nicht anders denken. Außerdem war der Gedanke, dass jesusgläubige Juden ihre jüdische Identität (ihre Verbindung mit ihrem Volk und den Traditionen Israels) behalten könnten, für die damalige Zeit unvorstellbar. Umso mehr müssen wir heutzutage diesen Aspekt unterstreichen, wenn es um das messianische Zeugnis gegenüber Juden geht.

In der oben erwähnten Schrift *„Dass Jesus Christus ein geborener Jude sei"* drückt Luther offenkundig seine Sympathie gegenüber Juden aus und verabscheut die negative Einstellung der Christen und die hässlichen unlauteren Methoden, mit denen Juden von Christen behandelt werden. Worauf gründet sich ein solch mutiger Einsatz für die Juden? Vor allem ist es die Hoffnung, dass Juden Christen werden (s. Zitat oben). War diese Hoffnung berechtigt? Einerseits ja. Die Juden erkannten damals in Luther einen Freund und vertrauten ihm. Das bestätigt Arnulf Baumann: „Diese Schrift hinterließ bei Juden einen so tiefen Eindruck, dass sie sie selbst verbreiteten."[106] Einen solchen Erfolg in der Judenmission hatte bis dahin keiner verzeichnen können. Umso mehr beschäftigt uns die Frage: Warum scheiterten Luthers hoffnungsvolle Versuche, Juden zu Jesus zu führen, im Laufe der beiden folgenden Jahrzehnte vollständig? Woran lag es, an seiner Methodik, Missionsstrategie oder an etwas ganz anderem? Bullinger und Klaiber stellen folgende These auf: „Das von Luther vertretene, neue reformatorische Christentum ist doch nicht genug, um die Kirche vor die Konzilsbeschlüsse und Dogmen ab dem dritten Jahrhundert zurückzuführen ..."[107] Trotz seines phänomenalen geistigen Vermögens ist es Martin Luther doch nicht gelungen, eine organisch ergänzende Beziehung zwischen dem biblischen Judentum und dem Christentum, wie es Paulus in Röm.11 beschreibt, theologisch zu verorten. Es blieb immer ein von der alten Kirche künstlich geschaffener Gegensatz zwischen den beiden.[108] In diesem Zusammenhang meint Baumann: „Es ging Luther um eine Reformation im Judentum, entsprechend der Reformation der Kirche."[109] Wenn das wirklich Luthers Vision war, dann fehlt bei dieser Anschauung eine wichtige Grundlage: Dem Volk Israel als nationaler Größe und dem jüdischen Glauben wird jede Legitimität abgesprochen. Nach der Reformation blieb das Christentum, dem Namen und dem Wesen nach, im-

---

[106] Arnulf H. Baumann, Käte Mahn, Magne Saebø, *Martin Luthers Erben und die Juden* (Hannover: Lutherisches Verlagshaus, 1984), S. 13.

[107] Bullinger und Klaiber, S. 63.

[108] Vgl. Bullinger und Klaiber, S. 63.

[109] Baumann, *Martin Luthers Erben und die Juden*, S. 13.

mer noch Christentum. Wenn nach Luthers Überzeugung Juden Christen werden sollten, gäbe es kein Judentum und keine Juden mehr. Dann hätten die Juden in der Christenheit aufgehen und keine nationale Größe mehr bilden sollen. Mit anderen Worten sollten nach dieser Vision Juden samt ihren Traditionen und ihrem Bibelverständnis in ein paar Generationen verschwinden, was dem Zeugnis des Neuen (Mt 5,18; Offb 7,4), wie auch des Alten Testaments (Jer 31,35-37) vehement widersprechen würde.

Welche Motive hätten Martin Luther noch zur Judenmission bewegen können? Als ehemaliger Augustinermönch glaubte Luther am Anfang der Reformation an die endzeitliche Judenbekehrung. Für Augustinus war das der Grund, warum er den Juden, die nicht glaubten, mit Geduld begegnen konnte.[110] Martin Luthers Geduld den Juden gegenüber und seine Hoffnung auf ihre Bekehrung wurden während der nächsten zwei Jahrzehnte erschöpft. Zwischen dem 1523 entstandenen *„Dass Jesus Christus ein geborener Jude sei"* und *„Von den Juden und ihren Lügen"* (1542/1543) liegen nicht nur knapp 20 Jahre. Mittendrin liegt die Frustration der enttäuschten Erwartungen. In der letzten Schrift wird die Judenmission sogar abgelehnt:

> Summa, es sind junge Teufel, zur Hölle verdammt, ist aber etwa noch was Menschliches in ihnen, dem mag solch Schreiben zu nutz und gut kommen; vom ganzen Haufen mag hoffen, wer da will, ich habe da keine Hoffnung, weiß auch davon keine Schrift, können wir doch unsere Christen, den großen Haufen, nicht bekehren, müssen uns am kleinen Häuflein begnügen lassen. Wie viel weniger ist es möglich, diese Teufelskinder alle zu bekehren. Denn dass etliche aus der Epistel an die Römer am 11. Kapitel (V. 15) solchen Wahn schöpfen, als sollten alle Juden bekehrt werden am Ende der Welt, ist nichts. Sankt Paulus meint gar viel ein anderes.[111]

So tief war die Bitterkeit des großen Reformators gegenüber hartnäckigen Juden, dass er keine Hoffnung für ihre Bekehrung mehr hatte. Ist es nicht verwunderlich, dass derselbe Luther die schriftbezogene Bekehrung der Juden in seiner Predigt am St. Stephanustag 1521 ganz anders beschrieben hatte:

Doch endlich ist hier den Juden Trost zugesagt, da er (scil. Christus) spricht: ‚Fürwahr, sage ich euch, ihr werdet mich von nun an nicht sehen, bis dass ihr sagt: Gebenedeit sei, der da kommt im Namen des Herrn.' (Mt 23,29) … Darum ist es noch nicht erfüllt auf Erden und muss erfüllt werden … So ist's nun gewiss, dass die Juden zu Christus noch sagen werden: ‚Gebenedeit sei,

---

[110] Vgl. Jung, S. 58.

[111] Martin Luther, *Vom Schem Hamphoras und vom Geschlecht Christi, 1543* (Dresden: Landesverein für Innere Mission, 1931), S. 7.

der da kommt im Namen des Herrn.'[112]

Ist es ein exegetischer Irrtum, der Luther im Laufe seiner sich verändernden Einstellung zu den Juden unterläuft? Einer der modernen Luther-Apologeten, Andreas Späth, besteht darauf, dass Luthers Dogmatik während seines ganzen Lebens konstant geblieben sei.[113] Selbst wenn man dieser Meinung zustimmen würde, wäre es trotzdem schwer zu erklären, dass derselbe Luther, der so eifrig auf die Bekehrung der Juden gehofft haben soll, ihnen schon 1513 in einer Vorlesung über Psalm 58 gerade dieses Ereignis theologisch abgesprochen habe:

> Ich aber wundere mich, wieso man eine allgemeine Bekehrung der Juden anerkennen könne, wie dies viele sagen, obwohl Christus klar sagt: ,Dies Geschlecht wird nicht vergehen bis das alles geschehe.' (Lk 21,32)[114]

An dieser Stelle schließe ich mich Bienert an, der dazu meint: „Luthers Auslegung von Lk 21,32 ist gewiss nicht haltbar, da Jesus mit ,diesem Geschlecht' die damals lebende Generation gemeint hat."[115] Man kann Luthers Theologie der Judenmission nicht anders als widersprüchlich bewerten. In einer seiner früheren Schriften „Vier tröstliche Psalmen an die Königin zu Ungarn" schreibt Luther: „… das Judentum, welches wir das jüdische Volk heißen, wird nicht bekehrt. Es wird auch das Evangelium nicht (darum) unter ihnen gepredigt."[116] Eine deutliche Diskrepanz erkennt man auch in der allgemeinen Einstellung Luthers zu den Juden. Noch 1538 schreibt Luther in der Predigt über Lk 2,21:

> Doch verhält es sich mit der Beschneidung nicht so, dass es Sünde sei, sich beschneiden zu lassen, wie es St. Hyronimus und viele mit ihm halten; sondern es steht jedem frei, wer da will, sich beschneiden oder nicht beschneiden zu lassen, sofern er es nicht in der Meinung tut, es müsse sein oder sei geboten …[117]

---

[112] Martin Luther, D. Martin Luthers Werke, Kritische Gesamtausgabe (Weimar, Böhlaus Nachfolger, 1883-1929), Kirchenpostille 1522. St. Stephanus-Tag 1521 gehaltene Predigt, WA 10,287-288.

[113] Vgl. Andreas Späth, *Luther und die Juden* (Bonn: Verlag für Kultur und Wissenschaft, 2001), S. 26-29.

[114] Martin Luther, *Vorlesungen über die Psalmen, Ps 58*, WA 3,329.

[115] Walther Bienert, *Martin Luther und die Juden* (Frankfurt am Main: Evangelisches Verlagswerk, 1982), S. 24.

[116] Martin Luther, *Vier tröstliche Psalmen an die Königin zu Ungarn*, 1526, WA 19,608.

[117] Vgl. Martin Luther: Ausgewählte Werke, Ergänzungsreihe. Bd. 4. München, 1960, S. 253.

Demgegenüber verhöhnt Luther in einer späteren Schrift den Ritus der Beschneidung.[118] Dieser Diskrepanz lag die Hoffnung zugrunde, dass die Juden
sich zum reformatorischen Christentum bekehren würden. Auch die Juden
pflegten die Hoffnung, besonders am Anfang der Reformation, dass diese
Wende ihre Stellung in der christlichen Gesellschaft verbessern würde. Besonders genährt wurde diese Hoffnung durch die positiven Äußerungen Martin Luthers über die Juden. Doch an die Stelle der Hoffnung trat beiderseits
die Enttäuschung.

3.3   Enttäuschte Erwartungen von beiden Seiten

Manche Apologeten Luthers erklären Luthers Stellung zu den Juden aus
historisch-psychologischen Gründen und sezieren sie nach Lebensabschnit-
ten. Es heißt dann, der spätere Luther hatte keine so hohe geistige Schöpfer-
kraft und das wird als Entschuldigung für seinen Antijudaismus gesehen. Die
scharfen Luthergegner akzeptieren dies nicht und unterstellen ihm einen
konstanten Antijudaismus. So unterschiedlich sind die Positionen der Lu-
therkritiker. Ich schließe mich an dieser Stelle Andreas Späth an, wenn er
schreibt: „Ich halte es aber auch für gefährlich, Luther mit den Maßstäben
unserer Zeit als einer vermeintlich und moralisch entwickelteren zu mes-
sen."[119] Späth hält es für die „sauberste Methode", Luther in seinem historischen und theologischen Kontext zu sehen.[120]

Hatte Luther wirklich einen Grund für seine Enttäuschung? Waren seine
Hoffnungen auf eine massenhafte Judenbekehrung nicht auf einer fehlerhaf-
ten Exegese aufgebaut? An dieser Stelle ist eine Bemerkung von Andreas
Späth sehr interessant:

> Das hätte Luther – bei seinem Biblizismus – eigentlich nachdenklich
> werden lassen müssen, wenn man Römer 11 recht bedenkt. Hier hätte Lu-
> ther merken müssen, dass es wohl nicht die allerletzte Zeit sein kann, weil
> noch nicht alle Prophezeiungen erfüllt sind.[121]

Die Verstockung der Juden ist für Luther ein Argument dafür, um das
Thema Judenmission zu erledigen.[122] Paulus, den Luther sehr verehrte,
sieht das anders. Er ist bereit, das eigene Heil aufs Spiel zu setzen, um ei-

---

[118]   Vgl. Martin Luther, *Von den Juden und ihren Lügen*, WA 51,195-196.

[119]   Andreas Späth, *Luther und die Juden*, S. 29.

[120]   Vgl. Späth, *Luther und die Juden*, S. 30.

[121]   A.a.O., S. 90. Fußnote 403.

[122]   Vgl. Luthers Zitate auf die S. 38-40.

nige seiner Volksgenossen doch für Christus zu gewinnen (Röm 9,3). In diesem Zusammenhang ist es nötig, die Exegese Luthers in der Israelfrage zu korrigieren: Bei seinem Vertrauen zur Schrift übersieht Luther, dass Gott Israel auch dann treu bleibt, wenn Israel untreu ist. Im Gegensatz zu Luthers Erwartung bringt Gott etwa 400 Jahre später das Volk Israel in sein Land zurück.[123]

Kann man Luthers Haltung zu den Juden nur mit seiner emotionalen Enttäuschung erklären? Nein! Luther geht es um den Kernpunkt seiner Rechtfertigungslehre – Gerechtigkeit aus Gnade durch den Glauben. Selbst die Existenz der Juden, die sich nicht zum Christentum bekehren wollen, berührt diesen Kernpunkt. Das Beharren der Juden auf ihre Herkunft und die Beschneidung als Instrumente der Gerechtigkeit setzt Luther mit katholischer Werkgerechtigkeit, die sich auf Werke und Sakramente gründet, gleich.[124] Walther Bienert versteht, dass Luthers antijüdische Haltung mit dem vermeintlichen Angriff auf die Rechtfertigungslehre zu tun hat. Aber er unterscheidet zwischen Luther als Mensch und seiner Theologie, sowie zwischen Luther als Reformator und Luther als Kirchenpolitiker. Diese Unterscheidung entbehrt jeder Grundlage. Hier schließe ich mich Späth an. Er schreibt in Bezug auf Bienerts Position: „Er will – grundsätzlich problematisch – zwischen Luther und seiner Theologie trennen."[125]

Man kann wohl die Enttäuschung dieses leidenschaftlichen Kämpfers für die Wahrheit nachvollziehen, als er sich mit der Tatsache abfinden musste, „dass seine Argumente die Juden nicht zur Einsicht bringen konnten, Jesus sei ihr verheißener Messias", – so Arnulf Baumann.[126] Auch die schriftliche jüdische Polemik gegen das Christentum war für Luther ein Angriff auf die Wahrheit.[127] Er fühlte sich verpflichtet, diese Wahrheit zu verteidigen und kämpfte in seiner Schrift *Von den Juden und ihren Lügen* mit ganzer Wucht gegen die Gotteslästerer. Man muss bemerken, dass unter diesem Begriff die Juden für Luther eine Randgruppe bildeten, neben Papisten, Mahometisten und Schwärmern in den eigenen Reihen.[128] Dieser Gedanke kann zu dem Argument werden, Luther sei gar nicht antijüdisch, sondern er kämpfe allgemein gegen alle Arten der Ketzerei. Theologisch gesehen liegt gerade hier, meiner Meinung nach, die größere Gefahr. Wenn es um die Theologie der

---

[123]   Vgl. Späth, *Luther und die Juden,* S. 11.

[124]   Vgl. Martin Luther, *Von den Juden und ihren Lügen*, WA 51,195.

[125]   Späth, *Luther und die Juden,* S. 32.

[126]   Vgl. Baumann, S. 15.

[127]   Vgl. Bienert, S. 132.

[128]   Vgl. Andreas Späth, *Luther und die Juden*, S. 92.

Judenmission geht, darf es keine pauschalen Urteile geben. Das Volk Israel hat von Gott viele Vorzüge bekommen, die die anderen Völker nicht haben (Vgl. Röm 9,4-5). Daraus ergibt sich eine besondere Rolle Israels unter den Völkern. Die besondere Funktion Israels erfordert aber auch eine besondere Botschaft, die das Bundesverhältnis mit Gott berücksichtigen. Das verstand der große Apostel[129], aber der große Reformator konnte es nicht begreifen. Für ihn sind die Juden die gleichen Häretiker wie die anderen, sie sind Gotteslästerer und verdienen das Todesurteil.[130] In dieser Hinsicht, bemerkt Andreas Späth, unterscheidet sich Luther von Augustin und Thomas von Aquin, für die die Juden unter den Völkern eine Ausnahme bildeten. „Erst Luther verwischt die Grenze zwischen Häresie und Judentum."[131]

Als weiteren Grund für Luthers antijüdisches Auftreten betrachtet Walther Bienert, wie schon oben erwähnt wurde, die Wandlung Luthers vom Kirchenerneuerer zum Dogmenwächter.[132] Als die lutherischen Landeskirchen an Kraft und Macht gewannen, mussten sie ihre Dogmen auch mit Machtmitteln verteidigen, genauso wie die römisch-katholische Kirche das immer getan hatte. Das führte zur religiösen und sozialen Ausgrenzung anderer Religionsbewegungen, vor allem der Juden, weil sie im damaligen Deutschland zahlreich vertreten waren. „Alleinanspruch auf die Wahrheit bei einer menschlichen Institution führt zur Intoleranz gegen andere,"[133] – so schreibt Bienert darüber und fügt hinzu: „Eine andere, als die Staatsreligion musste damals als Fremdkörper empfunden werden."[134]

Diese Metamorphose vom Reformator zum Kirchenpolitiker erlaubte dem älteren Luther nicht, was sich der jüngere Luther leisten konnte, nämlich Respekt und Achtung vor den Juden zu haben. Nach Günter Stemberger würde die Vereinnahmung durch die Juden Luther in den Augen seiner Nachfolger und vor allem der politischen Mächte kompromittiert haben. So schreibt Stemberger: „Nach dem Erscheinen der Lutherschrift ‚Dass Jesus …', haben viele Juden freudig angenommen, Luther sei ein zwangsgetaufter

---

Vgl. 1 Kor 9,20.

[130] Martin Luther, *An die Herren des Deutschen Ordens*, Luthers Werke, Hrsg. von Buchwald, Kawerau, Julius Köstlin, Rade, Schneider u.A., Bd. 4. (Berlin: Schwetschke, 1905), S. 38.

[131] Späth, *Luther und die Juden*, S. 84.

[132] Vgl. Bienert, S. 117.

[133] A.a.O., S. 146.

[134] A.a.O., S. 148.

Jude. Nur so kann man die ablehnende Haltung Luthers gegenüber Josel von Rosheim verstehen."[135]

Nicht nur Luther, sondern auch viele Juden, die große Erwartungen an ihn hatten, wurden enttäuscht. Die Reformation wurde nicht zu einem judaisierenden Christentum, wie manche von ihnen dachten, und die Verbesserung jüdischer Lebensverhältnisse war auch nicht in Sicht. So schreibt Jung: „Die Kirchen der Reformation erwiesen sich zum Bedauern vieler Juden nicht als judenfreundlicher als die vorreformatorische Kirche."[136]

Als Ergebnis der Enttäuschung Luthers und als Höhepunkt seiner antijüdischen Haltung erschien 1543 die Schrift „Von den Juden und ihren Lügen". Hier stellt Luther die Verstockung der Juden heraus, verspottet und beschimpft die Juden, die auf ihre Herkunft und Beschneidung beharren. Das Schlimmste aber ist, dass er hier den Mächtigen Ratschläge erteilt, wie sie mit den Juden umgehen sollen. Die sieben Ratschläge Luthers für den Umgang mit den Juden wurden zur Grundlage für die antisemitischen Taten der Nationalsozialisten. Auf diese grimmigen Zeilen berief sich Julius Streicher, der Gauleiter Hitlers, im Nürnberger Kriegsverbrecherprozess als „theologische" Rechtfertigung: „Antisemitische Presseerzeugnisse gab es in Deutschland durch Jahrhunderte. So wurde bei mir zum Beispiel ein Buch beschlagnahmt von Dr. Martin Luther. Dr. Martin Luther säße heute sicher an meiner Stelle auf der Anklagebank, wenn dieses Buch von der Anklagebehörde in Betracht gezogen würde."[137] Für Luther sind seine Ratschläge eine „scharfe Barmherzigkeit", die seiner Meinung nach doch etliche jüdische Seelen retten kann.[138] Was ändert es an dieser Tatsache, wenn Späth im Gegensatz zu anderen Lutherkritikern die Ratschläge im Zusammenhang liest und ihre Argumentation im Lichte der Zeit Luthers zu verstehen versucht?[139] Natürlich hätten die Nationalsozialisten sich dieser Begründung nicht bedienen müssen, um Juden zu vernichten. Trotzdem rehabilitiert das Luther in seiner Verantwortung vor Gott nicht. Wie viele jüdische Leben man wirklich hätte

[135] Josel von Rosenheim war ein offizieller Vertreter der Juden in Deutschland, der Luther vergeblich um Beistand für die Juden vor dem Sächsischen Kurfürsten ersuchte. Günter Stemberger, *2000 [Zweitausend] Jahre Christentum – Illustrierte Kirchengeschichte in Farbe* (Herrsching: Pawlak, 1983), S. 852.

[136] Jung, *Christen und Juden, Die Geschichte ihrer Beziehungen*, S. 133.

[137] Martin Stöhr, *Martin Luther und die Juden*, in W. D. Marsch und K. Thieme, *Christen und Juden*, (Mainz-Göttingen: Matthias-Grünewald; Göttingen: Vandenhoeck & Ruprecht, 1961), S. 115.

[138] Martin Luther, *Von den Juden und ihren Lügen*, Ausgewählte Werke, Ergänzungsreihe, Bd. 3, (München: Goldmann Verlag, 1938), S. 193, 213.

[139] Vgl. Späth, *Luther und die Juden*, S. 93-98.

retten können und wie viele Juden für Jesus gewonnen worden wären, wenn
Luther es sich anders überlegt hätte, bleibt uns verborgen. Die Geschichte
kennt leider keinen Konjunktiv. Wichtig bleibt dabei, aus Luthers Fehlern
und Misserfolgen zu lernen und die richtigen Schlussfolgerungen zu ziehen.

3.4 Die Schlussfolgerungen: Luther und seine Theologie der Judenmission

Es steht uns heute nicht zu, Luther als Mensch in seiner widersprüchlichen
Beziehung zu den Juden zu verurteilen. Ganz anders ist es mit seiner Theologie der Judenmission. Der Judenmission würde ein großer Schaden zuge-
fügt, wenn wir die Theologie Luthers nicht kritisch beurteilen würden und
wichtige Schlussfolgerungen daraus zögen. Doch ist es überhaupt berechtigt,
von einer Judenmission bei Luther zu sprechen? So führt Bienert aus: „Luther treibt nicht Judenmission, wie sie im 19. und 20. Jahrhundert betrieben
wurde, zumal er sich keinen Übertritt des jüdischen Volkes in seiner Mehrheit vorstellen kann, da dies nach Paulus auch nicht schriftgemäß wäre."[140]
Ist das der Grund, warum Luther keine Judenmission treibt? Man kann den
Wunsch Bienerts verstehen, Luthers Einstellung zu den Juden in einem bes-
seren Licht zu präsentieren. Aber Luther selbst widerspricht seinem Apologeten: „Das sollt ihr ihnen ernstlich anbieten, dass sie sich zu dem Messias
bekehren und sich taufen lassen …"[141] Luther hatte Judenmission im Blick-
feld und hat sie auch theologisch reflektiert.

Wie oben schon ausgeführt wurde, sah Luther für Israel, besonders in seinen
letzten Jahren, keine eschatologische Zukunft. So betont Späth, dass man bei
Luther eine Kurzsichtigkeit bezüglich der Treue Gottes zu Israel feststellen
könne. Damit widerspricht er Bienert, der Luthers projüdische Haltung her-
vorhebt und seine Theologie verteidigt. Bienert meint, Luther glaubte an „die
biblische Verheißung des Heils für das ganze jüdische Volk (vor allem nach
Röm 9-11)."[142] Späth dagegen sieht den Grund des antijüdischen Ansatzes
bei Luther „in der Anpassung an den Zeitgeist, der blind macht für Gottes
Heilsplan."[143] Ich schließe mich Späth an mit einem weiterführenden Gedanken: In unserer postmodernen Zeit sind die Theologen derselben Gefahr
ausgesetzt. Es ist eine Herausforderung für die christliche Theologie, das
Volk Israel im gesamten Heilsplan Gottes zu sehen und seine eschatologi-

---

[140] Bienert, *Martin Luther und die Juden,* S. 96.
[141] Martin Luther, letzte Kanzelabkündigung vom 15.02.1546, WA 51,194-196.
[142] Bienert, *Martin Luther und die Juden,* S. 60.
[143] Späth, *Luther und die Juden*, S. 112.

sche Bedeutung anzuerkennen. Nur dann können Christen dem jüdischen Volk ein biblisch fundiertes Zeugnis bringen.

Auch Luthers Verständnis von den Beziehungen zwischen Judentum und Christentum verdient eine Analyse und Korrektur.

„Sein Kontrahent war nicht das jüdische Volk, sondern die jüdische Religion"[144] schreibt Bienert. Welch einen gravierenden Unterschied dazu bildet der bald aufkommende Pietismus, der das Judentum als Mutter des Christentums sah. Das sollte eine wichtige Lektion auch für uns heute sein, wenn wir Juden das Evangelium nahe bringen wollen, dass wir das Christentum nicht als Gegensatz, sondern als logische Fortsetzung des biblischen Judentums verstehen und entsprechend präsentieren. Andernfalls schneiden wir uns selbst von unseren Wurzeln ab und sind nicht in der Lage, den Juden ein gutes Zeugnis zu geben.

3.5 Andere Reformatoren und ihr Verständnis der Judenmission

Anders als Luther hatte der in Augsburg, Lüneburg und Celle wirkende Urbanus Rhegius bis zu seinem Tod 1542 seine judenfreundliche Haltung bewahrt, gleichzeitig war er aber auch judenmissionarisch tätig. Wichtig ist dabei anzumerken, dass sein Respekt Juden gegenüber und sein Beharren auf ihre Bekehrung in erster Linie nicht ethisch-moralisch, sondern theologisch bzw. eschatologisch begründet war. Dazu schreibt Jung: „Die Begründung für seine Haltung entnahm er Röm 11 sowie Hos 3,4f. und Lk 21,32."[145]

Unter den Schweizer Reformatoren ist der Ansatz Heinrich Bullingers besonders bemerkenswert. Im Unterschied zu Zwingli hatte er eine positive Haltung gegenüber dem Volk Israel, die wiederum wie bei Rhegius theologisch begründet war. Jung führt darüber aus:

> Bullingers Theologie bot Ansätze für eine positive Sicht Israels, die sich von der Negativsicht, die Luther eingenommen hatte, deutlich unterschied. Sie war nämlich heilsgeschichtlich und bundestheologisch akzentuiert und betonte die Einheit von Israel und Kirche, von Altem und Neuem Testament.[146]

---

[144]   Bienert, *Martin Luther und die Juden*, S. 191.

[145]   Jung, *Christen und Juden, Die Geschichte ihrer Beziehungen*, S. 138.

[146]   A.a.O., S. 139.

Auch Calvin war nicht judenfreundlich gesinnt und störte sich wie Luther an der Hartnäckigkeit der Juden. Allerdings griff Calvin in seiner Theologie, was Israel betraf, die von Bullinger vertretene heilsgeschichtlich bundestheologische Lehre auf und führte sie fort.

Die Faktoren, die bei einzelnen Reformatoren ihre positive Einstellung zu den Juden bewirkten, waren ihre eschatologischen Erwartungen, ihr Glaube an die endzeitliche Bekehrung der Juden, an die bleibende Erwählung Israels, an die Wiederherstellung vom Land Israel, der Stadt Jerusalem und dem Tempel.

Obwohl diese Arbeit die Judenmission im Fokus hat und die allgemeinen jüdisch-christliche Beziehungen nur am Rande berührt, finde ich es trotzdem unabdingbar, auf die Verbindung dieser Faktoren untereinander und ihren Einfluss aufeinander hinzuweisen. Die reformatorische Haltung zum Volk Israel und dem Judentum im Allgemeinen haben unmittelbar mit der Theologie der Judenmission zu tun. Die Geschichte und besonders die Kirchengeschichte lehren uns, dass nur ein nüchternes biblisches Verständnis der Rolle und heilsgeschichtlichen Bedeutung Israels eine gesunde Einstellung zur Judenmission hervorbringen kann.

3.6   Zusammenfassung

Man kann kaum von einem Erfolg der Judenmission zur Zeit der Reformation sprechen. Ist Luther allein an diesem Misserfolg schuld? Nein! In Bezug auf die Juden und ihre Einladung zu Christus war die reformatorische Zeit nicht viel besser als das Mittelalter. Das Bewusstsein, dass ein Jude seine Identität auch dann behalten kann, wenn er Christ wird, war in der Gesellschaft noch nicht vorhanden. Als Kind seiner Zeit und als Vertreter seiner Theologie, die den Anspruch erhob, im Alleinbesitz der Wahrheit zu sein, konnte sich Luther kein positives Wort für die Juden leisten, die nicht Christen werden wollten.[147] Der Mann, der die Weltgeschichte so sehr verändert hat, ließ die Geschichte der Judenmission in ihrer mittelalterlichen Starrheit verharren. Sogar in seiner letzten Predigt forderte Luther in einem Appell an die Fürsten, hart mit den Juden umzugehen bis zu ihrer Vertreibung mit einer Ausnahme: Wenn sie Christus annehmen, „wollen wir sie gerne als unsere Brüder halten."[148] Bienert gibt dazu folgenden Kommentar ab: „Der von Luther geforderte Preis war für Juden unbezahlbar, er hätte den Verlust ihrer Identität bedeutet."[149] Was in Luthers Theologie fehlte, war eine ergänzende

---

[147]   Vgl. Bienert, *Martin Luther und die Juden*, S. 146.

[148]   Martin Luther, letzte Kanzelabkündigung vom 15.02.1546, WA 51,194-196.

[149]   Bienert, *Martin Luther und die Juden*, S. 178.

Beziehung von biblischem Judentum und Christentum, die eine natürliche Brücke zwischen den beiden bildete. Diese Beziehung wird zu einem der bedeutsamsten Merkmale für das messianische Zeugnis, das ich im letzen Kapitel dieser Arbeit beschreibe.

Luther hat das anders verstanden: Ein Jude, der Christ wurde, konnte kein Jude mehr sein. Diese Einstellung blieb in der lutherischen Kirche noch über hundert Jahre unangefochten. Der erste, der diese Sicht in Frage gestellt hat, war Spener, der einen neuartigen Respekt vor Juden vertrat, der sich in gegenseitiger Hilfe und Freundschaft zeigt, auch dann, wenn Juden sich nicht zu Christus bekehren. Mit ihm beginnt eine neue Ära in der Geschichte der Judenmission.

4 Pietismus: Das neue theologische Erfassen der Jundenmission

4.1 Die Etablierung einer neuen Eschatologie in der Kirche

In der nachreformatorischen Zeit beschäftigten sich lutherische Theologen mit den drei wichtigsten Fragen bezüglich der Juden und der Judenmission: Ob man Juden gegenüber Toleranz üben oder sie entsprechend der judenfeindlichen Schriften Luthers vertreiben sollte; wie man die endzeitliche Bekehrung der Juden bei Paulus zu verstehen habe und ob und in welcher Weise Juden das Evangelium gepredigt werden sollte.[150]

Das 17. Jahrhundert brachte eine Neuorientierung im Blick auf die Judenmission. Vor allem ist Esdras Edzard zu nennen, der die Hamburger Judenmissionsanstalt zwischen 1667 und 1708 leitete und eine Proselytenkasse mit eigenem Kapital gründete.[151] Aus dieser Kasse wurden 1705 in Hamburg 86 Not leidende jüdische Familien unterstützt.[152] Diese Initiative war für die damalige Zeit außergewöhnlich, weil Judenchristen durch sie nicht nur soziale Hilfe bekommen haben, sondern aus diesen Mitteln auch biblische Unterweisung finanziert wurde. Wenn auch die Arbeit von Edzard keine systematische Missionsarbeit war, wurde sie doch zu einem starken Impuls für die spätere Judenmission. So schreibt Stephan Holthaus: „Die Hamburger Initiative wurde weithin bekannt und stieß auch im Frühpietismus auf Unterstützung. Edzard wurde bald als der ‚Vater der Judenmission in Deutschland' bezeichnet'."[153]

Auch in Darmstadt wurde von Landgraf Ernst Ludwig auf Anregung des Hofpredigers Fresenius und des Geheimrats Wieges eine Proselytenanstalt mit einem großen Fonds gestiftet.[154] Wenn man die oben genannten Personen auch als Vorläufer der organisierten Judenmission bezeichnen kann, beginnt „die eigentliche protestantische Judenmission mit dem Nürnberger Juristen

---

[150] Vgl. Martin H. Jung, *Christen und Juden: Die Geschichte ihrer Beziehungen* (Darmstadt: Wissenschaftliche Bibelgesellschaft, 2008), S. 156.

[151] http://de.wikipedia.org/wiki/Esdras_Edzardus (12.06.2014).

[152] Paul Gerhard Aring, *Christliche Judenmission* (Neukirchen-Vluyn: Neukirchener Verlag, 1980), S. 142.

[153] Stephan Holthaus, *Judenmission im Pietismus und in der Erweckungsbewegung* in Christen, Juden und die Zukunft Israels (Frankfurt am Main: Internationaler Verlag der Wissenschaften, 2009), S. 156.

[154] Vgl. E. Chr. Achelis, *Lehrbuch der praktischen Theologie*, Bd. 3, (Leipzig: J. C. Hinrichs'sche Buchhandlung, 1911), S. 390.

und Frühaufklärer Johann Christoph Wagenseil (1633-1705)."[155] Er war der
Vorreiter eines neuen Verständnisses der Eschatologie, in dem die heilsgeschichtliche Bedeutung Israels hervorgehoben wird. Ihm ist zu verdanken,
dass die pietistischen Väter in ihren judenmissionarischen Bemühungen versuchten „… alle Hindernisse aus dem Weg zu räumen, die eine Bekehrung
der Juden zum Christentum erschweren könnten."[156]

4.1.1   Philipp Jakob Spener und seine eschatologischen Erwartungen

Der Pietismus brachte einen deutlichen Fortschritt in der Haltung der Christen gegenüber den Juden. Dessen Hauptvertreter Philipp Jakob Spener knüpf-
te an Luthers judenfreundlichen Äußerungen an und entwickelte von diesen
aus eine neue christliche Sicht für das jüdische Volk: Dieses sei nicht nur
Objekt der Bekehrung, sondern das „edelste Volk der Welt", das von Christen in besonderer Weise respektiert und geliebt werden solle. Was waren
Speners Beweggründe? Was war die Motivation seiner besonderen Beziehung zum Volk Gottes? Dazu führt Aring aus: „Speners Werben um die
Juden war letztlich in der Erwartung begründet, dass die Vollendung des
Gottesreiches erst dann erfolgen werde, wenn die Menschheit insgesamt –
Juden wie Heiden – dem Herrn zugeführt sei."[157]

Gestützt auf seine Anschauung über die heilsgeschichtliche Bedeutung Israels, vertritt Spener allerdings einen differenzierten Chiliasmus. Diese Diffe-
renzierung hat ihn davor bewahrt, die Judenmission abzulehnen. Der spätere
radikale Pietismus lehnte die Judenmission ab. Nach seinem theologischen
Verständnis sollte die Bekehrung der Juden nur durch den wiederkommenden Christus geschehen. Demgegenüber war Spener nicht der Überzeugung,
dass die Juden sich erst am Ende der Zeiten bekehren würden. Er sieht schon
in der Gegenwart die Fülle der Heiden (Röm 11,25ff.) in die Kirche einge-
hen. Das bedeutete für ihn ebenfalls, dass, wenn auch noch nicht das ganze
Volk Israel, doch einige Juden dafür offen sind, Christus als Heiland anzu-
nehmen. So schreibt Brandau: „Bei Spener findet sich somit eine aktive
Hinwendung   zur   Judenmission   unter   Wahrung   der   chiliastisch-
eschatologischen Perspektive einer endzeitlichen Bekehrung der Juden in der
Kirche."[158]

---

[155]   Robert Brandau, *Innerbiblischer Dialog und dialogische Mission* (Neukirchen-
        Vluyn: Neukirchener Verlag, 2006), S. 11.

[156]   A.a.O., S. 11.

[157]   Paul Gerhard Aring, *Christen und Juden heute – und die „Judenmission"?*
        (Frankfurt am Main: Haag + Herchen Verlag, 2. Aufl. 1989), S. 36.

[158]   Robert Brandau, *Innerbiblischer Dialog und dialogische Mission*, S. 12.

Zwei Elemente von Speners Einstellung zur Judenmission sind wichtig: Zum einen hat er die wichtigsten Instrumente für einen Judenmissionar erkannt, – das Gebet und die Bibel. Zum anderen warnte er vor falschen Hoffungen und hat damit der Enttäuschung, die Luther erlebte, vorgebeugt. So schreibt er:

> Das rechte eigentliche Hauptmittel, um die Bekehrung der Juden zu erreichen, sind das Gebet und das göttliche Wort. Das Gebet müssen die Einzelnen üben und ist für die Gemeinde in der Kirche zu verordnen. Wenn ernstlich gebetet wird, wird der Herr auch als Antwort den Weg zeigen, auf dem die Juden herbeigebracht werden. ... Die Zahl der Bekehrten wird bis zur Stunde der Ernte freilich keine große sein. Trotzdem muss man den Juden nachgehen; denn die Hoffnung ist für keinen aufzugeben und für jeden Gewonnenen dem Herrn zu danken.[159]

4.1.2   Tolerante Haltung gegenüber den Juden – eines der Merkmale des Pietismus

Philipp Jakob Spener war der geistliche Vater der Judenmission in Deutschland. Er lehrte: Juden dürfe man nur in der Liebe Jesu begegnen. Jeglicher Zwang habe keine Berechtigung. Ihm lag alles an der Gewissensfreiheit. Die Bedeutung Speners liegt darin, dass er beides vertrat: die Judenmission und den neuartigen Respekt vor Juden, der sich in gegenseitiger Hilfe und Freundschaft zeigt, auch dann, wenn Juden sich nicht zu Christus bekehren. Christliche Nächstenliebe, Gewissensfreiheit und freie Religionsausübung für Juden waren die Merkmale der Nachfolger von Spener, z.B. Callenberg, Francke und Schulz. So führt Martin Jung aus:

> Besonders lebhaft wurde die Frage der Judentolerierung im 18. Jahrhundert in Halle erörtert, einer Hochburg des Pietismus und einem frühen Hort der Aufklärung. Theologen, darunter führende Pietisten, erstellten zwischen den Jahren 1702 und 1767 insgesamt 22 Fakultäts- oder Privatgutachten, die sich mit Fragen der Judentoleranz befassten.[160]

Bemerkenswert ist, dass die theologischen Gründe für Respekt und Toleranz gegenüber den Juden auf der einen Seite bei orthodoxen Theologen (z.B. Osiander) als auch auf der anderen Seite bei Pietisten (z.B. Bengel, Oetinger) recht unterschiedlich waren. Jung führt in diesem Zusammenhang fünf Argumentationsmuster auf:

---

[159] Ein Zitat von Spener in J.F.A. de le Roi, *Die evangelische Christenheit und die Juden*, Bd. 1, (Karlsruhe, 1884), S. 207.

[160] Martin H. Jung, *Christen und Juden,* S. 169.

1. Christologische Begründung: Man soll mit Juden freundlich umgehen, weil Jesus Christus selbst Jude war. 2. Die ethische Begründung: Juden sind freundlich zu behandeln, weil Christen alle Menschen, auch ihre Feinde, lieben sollen. 3. Die pragmatisch-missionarische Begründung: Ein freundlicher Umgang mit Juden hilft, sie für den christlichen Glauben zu gewinnen. 4. Die biblische Begründung: Im Römerbrief hat Paulus die Heidenchristen davor gewarnt, gegenüber Israel überheblich zu sein. 5. Die eschatologische Begründung: Weil Gott noch große Dinge mit dem jüdischen Volk vorhat, sollen die Christen dieses achten und freundlich behandeln. Während die orthodoxen Theologen überwiegend ethisch und pragmatisch-missionarisch argumentierten, finden sich bei den Pietisten fast durchgehend das biblische und das eschatologische Argumentationsmuster ...[161]

Bei der Auswertung dieser Argumentationsmuster fällt zweierlei auf:

Zum einem staunt man darüber, dass sich etwa 150 Jahre nach dem „dunklen" Mittelalter ganz neue Perspektiven für die Evangelisation unter Juden zeigten. Zum anderen sind diese Begründungen auch heute noch aktuell: Alle fünf Argumente haben eine feste biblisch-fundierte Basis und können von Judenmissionaren in unserer modernen Zeit, wenn auch mit einigen Korrekturen, übernommen werden.[162]

Leider, so bemerkt Jung, blieben die Aufrufe zur guten Behandlung der Juden oft wenig konkret und konnten in der breiten Masse der Heidenchristen nicht verwirklicht werden.

4.2   Eschatologische Erwartungen führen zur aktiven Judenmission

Wie oben schon erwähnt, sahen Spener wie auch seine Nachfolger die Bekehrung der Juden als Teil der Erneuerung und Wiederherstellung der gesamten christliche Kirche. Diese Überzeugung sollte zu einer aktiven Judenmission führen. So führt Jung aus:

---

[161]   Martin Jung, *Die württembergische Kirche und die Juden in der Zeit des Pietismus* (1675-1780) (Berlin: Institut für Kirche und Judentum, 1992), S. 102.

[162]   Anmerkung des Autors zu Punkt 2: Aus theologischen und historischen Gründen darf man Juden nicht als Feinde der Christen bezeichnen; zu Punkt 3: Aus modernen praktischen Erkenntnissen in der Judenmission soll man Juden nicht für den christlichen Glauben gewinnen wollen, sondern ihnen das Zeugnis von ihrem jüdischen Messias weitergeben, damit sie den Glauben an den Messias Jesus in ihrem jüdischen Kontext praktizieren können.

Im Pietismus wurden nicht nur Bekehrungshoffnungen gehegt, sondern auch Anstrengungen zur Missionierung der Juden unternommen. Dies hing mit dem Interesse am Heil aller Menschen zusammen und mit den eschatologischen Erwartungen. Weil an eine endzeitliche Judenbekehrung geglaubt wurde, schien es jetzt schon möglich und geboten, Erstlinge zu sammeln.[163]

4.2.1 Hallescher Pietismus und „Institutum Judaicum" – ein neues Missionsverständnis

Durch August Hermann Francke, einen Gesinnungsgenossen Speners, ist die Stadt Halle zum Zentrum des Pietismus geworden. Ein wesentliches Kennzeichen des Pietismus war die Neubesinnung über die heilsgeschichtliche Rolle des Volkes Israel und das Verhältnis von Juden und Christen. Arnulf H. Baumann schreibt: „In diesen Kreisen wurden die Kapitel 9-11 des Römerbriefes nicht überlesen, wie sonst vielfach in der Kirche, sondern als Schlüssel für das Verhältnis von Christen und Juden begriffen."[164]

Während Spener der geistige Vater der neueren Judenmission ist, beginnt die eigentliche Mission 1728 mit der Gründung des „Institutum Judaicum" durch Johannes Heinrich Callenberg. In diesem Institut wurden Schriften für die Mission unter Juden gedruckt und Studenten in der hebräischen Sprache und Tradition unterrichtet, um Juden das Evangelium zu bringen. Eine Aufgabe des Instituts war auch das Studium der hebräischen Literatur. Dieses Studium sollte dazu dienen, den Juden das Evangelium aus ihrem eigenen Gedankengut heraus zu erklären. Dafür stellte man reisende Missionare an, die in den jüdischen Kolonien Traktate mit evangelistischem Inhalt verteilten. Man kann die Bedeutung des „Institutum Judaicum" kaum überschätzen. Dank der dort ausgebildeten Judenmissionare fanden zahlreiche Juden, unter ihnen sogar einige Rabbiner zum Glauben an Jesus. So schreibt Paul Gerhard Aring: „In der zweiten Hälfte des 18. Jh. muss es auch im Rheinland wie anderswo so etwas wie eine jüdische Aufbruchstimmung in Richtung Christentum gegeben haben …"[165]

Mehrere theologische und missionarische Schriften des „Institutum Judaicum" wurden in Deutschland, besonders in Württemberg verbreitet. Jung

---

[163]   Martin Jung, *Die württembergische Kirche und die Juden in der Zeit des Pietismus*, S. 170.

[164]   Arnulf H. Baumann, *Christliches Zeugnis und die Juden heute* (Hannover: Lutherhaus Verlag, 1981), S. 19.

[165]   Paul Gerhard Aring, *Christliche Judenmission* (Neukirchen-Vluyn: Neukirchener Verlag, 1980), S. 22.

erwähnt Philipp Heinrich Weissensee, den Propst von Denkendorf, und auch Johann Albrecht Bengel, den Präzeptor von Kloster Denkendorf, die beide mehrere hallesche Missionsschriften besaßen.[166] Die Anschauungen der beiden bedeutenden christlichen Persönlichkeiten wurden von vielen Christen übernommen und die Judenmission spielte eine wichtige Rolle in ihrer Theologie. Die entscheidende Bedeutung des *Institutum Judaicum* für die Judenmission im 17. Jh. wurde von vielen Theologen und Zeitzeugen bestätigt. So schreibt de le Roi im Jahr 1884:

> Im weitesten und besten Sinne hat also das Hallesche Institutum Anregungen für ein Missionswerk unter den Juden gegeben; und es ist eine wahrhaftige Freude zu sehen, wie damals der Muth und die Lust für eine ordentliche und ihrem Zweck entsprechende Arbeit an Juden erwachte.[167]

Bedeutendster Mitarbeiter des Instituts war Pastor Stephan Schultz. Dieser hochgebildete Mann, so schreibt Achelis „… durchreiste ganz Europa und den Orient und beschrieb seine Erlebnisse in dem fünfbändigen Werk: ‚Die Leitungen des Höchsten nach seinem Rat'.“[168] Fast ein ganzes Kapitel widmet Paul Gerhard Aring diesem Judenmissionar in seinem Buch „*Christen und Juden heute – und die „Judenmission?'“* Er schreibt: „Was der körperlich schwache Schultz dabei geleistet haben muss, nötigt Respekt ab.“ Und dann zählt Aring 37(!) Missionsreisen auf, die Schultz von 1740 bis 1756 „meist zu Fuß, selten mit der Postkutsche“ unternahm.[169] Nicht Reiselust, sondern allein der Auftrag, das Evangelium Juden nahe zu bringen wurde zur Triebkraft seines Lebens. So schreibt Edita Wolf-Crome: „Aufgabe und Ziel war für ihn die Mission und nichts als das.“[170] Stephan Schultz ging in die jüdischen Ghettos der deutschen Großstädte und sprach auch in den Synagogen. Vor allem führte er aber Einzelgespräche, denn die pietistische Mission wandte sich besonders an den einzelnen Juden, um diesen zur Bekehrung zu bewegen. Dabei verurteilte Pastor Schultz jede Form von Judenhass als Sünde und ging überaus liebevoll vor, um die Herzen seiner Zuhörer zu gewinnen.

---

[166] Vgl. Martin Jung, *Die württembergische Kirche und die Juden in der Zeit des Pietismus*, S. 186.

[167] J.F.A. de le Roi, *Die evangelische Christenheit und die Juden*, Bd. 1 (Karlsruhe und Leipzig: Verlag von H. Reuther, 1884), S. 350.

[168] E. Chr. Achelis, *Lehrbuch der praktischen Theologie*, Bd. 3 (Leipzig: J. C. Hinrichs'sche Buchhandlung, 1911), S. 391.

[169] Paul Gerhard Aring, *Christen und Juden heute – und die „Judenmission?"* (Frankfurt am Main: Haag + Herchen Verlag, 2. Aufl. 1989), S. 114.

[170] Editha Wolf-Crome, *Stephanus Schultz. Aus den Lebenserinnerungen* (Hamburg-Bergstedt: Heinrich Reich. Evangelischer Verlag GmbH, 1977), S. 17.

Es ist beeindruckend, wie viel Zeit und Energie Stephan Schultz verwendete, um evangelistische Gespräche mit Juden zu führen. Nicht weniger gewürdigt wird heute sein Bemühen, die führenden Christen für Judenmission zu gewinnen. Unzählige Begegnungen mit Pfarrern, Theologieprofessoren, Adeligen und Prälaten dienten dazu, die Anliegen des halleschen Pietismus bekannt zu machen, sowie das Verständnis und die Liebe zum jüdischen Volk bei Christen zu fördern.[171] Die Bedeutung des Einsatzes von Schultz für die damalige Judenmission war enorm wichtig. So schreibt de le Roi: „Nie aber wohl seit der Apostel Tagen wurde ein Judenmissionar so weit unter Juden und Christen bekannt als Stephan Schultz."[172]

Da die ganze Arbeit des Institutum Judaicum aus Spenden finanziert wurde, ist es auch von Interesse, die Motive des Freundeskreises des Instituts zu verstehen. Abgesehen von einer allgemeinen christlichen Missionspflicht, gab es ein wichtiges Anliegen, das den halleschen Pietismus besonders auszeichnet, – das Evangelium dem Volk Israel nahe zu bringen.

Das Institutum Judaicum stellte im Zusammenhang mit dem Einfluss der Aufklärung seine Arbeit 1792 ein. Im 19. und 20. Jahrhundert erfolgten Neugründungen entsprechender Institute in anderen Städten Deutschlands.

Eine wichtige Frage, die für die Judenmission zu allen Zeiten von Bedeutung ist, ist die Frage: Was geschieht mit der Identität der Juden, die sich durch die Missionsarbeit bekehren? Dazu gab es im Pietismus unterschiedliche Anschauungen. So führt Christoph Rumatzki aus:

> Hinter den allgemeinen missionstheologischen Begründungen der Judenmission … stand keineswegs durchgehend eine Nivellierung der besonderen jüdischen Identität durch ein Missionsverständnis, das die Judenbekehrung lediglich als integralen Bestandteil der Völkermission betrachtete.[173]

Andere Theologen sehen das anders. Ihrer Meinung nach war die christliche Theologie zur Zeit des Pietismus noch nicht so weit zu wagen und zu akzeptieren, dass ein jesusgläubiger Jude seine jüdische Identität bewahren kann.

---

[171] Vgl. Martin Jung, *Die württembergische Kirche und die Juden in der Zeit des Pietismus*, S. 190-193.

[172] J.F.A. de le Roi, *Die evangelische Christenheit und die Juden*, Bd. 1 (Karlsruhe und Leipzig: Verlag von H. Reuther, 1884), S. 322.

[173] Christoph Rumatzki, *Hallischer Pietismus und Judenmission* (Tübingen: Max Niemeyer Verlag GmbH, 2004), S. 403.

4.2.2   Die ungelöste theologische Problematik

Die Hauptströmungen der christlichen Theologie waren seit dem Mittelalter der Meinung, das Judentum sei eine überholte Religion. Die Reformation brachte in diesem Punkt keine Veränderung. Obwohl der Pietismus eine andere Sicht in Bezug auf die Juden entwickelt hätte, sei er, so Robert Brandau, „... theologisch dem traditionellen Antijudaismus verhaftet" geblieben.[174] Selbst Stephan Schultz, einer, der dem jüdischen Volk sehr nahe stand, konnte dem Antijudaismus nicht widerstehen. So führt Christiane Dithmar aus: „das „Jüdische" war für ihn gleichbedeutend mit einem „Leben unter dem Gesetz" und damit zugleich zutiefst böse und von Gott entfernt."[175] Nach dem einerseits großartigen Aufbruch des Pietismus in der Judenmission, wurde doch andererseits, so Dithmar „diese grundsätzliche Einordnung des Judentums trotz der größten persönlichen Hingabe von Schultz und anderen hallischen Judenmissionaren und trotz ihrer proklamierten Israelliebe an keiner Stelle der Geschichte des hallischen Institutum Judaicum aufgebrochen."[176] Die gleiche Meinung vertritt auch Paul Aring. So beschreibt er die Position der Pietisten in Bezug auf die Judenmission: „Die einzige Möglichkeit für Juden, dem Teufelskreis ihrer Selbstgerechtigkeit zu entkommen, war die Bekehrung zu Christus und zur Kirche."[177] Wie den obigen Zitaten zu entnehmen ist, standen judenmissionarische Aktivitäten zur Zeit des früheren Pietismus, trotz seiner positiven Einstellung zu den Juden, vor einer Problematik, die von Robert Brandau präzise benannt wird:

Wohl nahm man seitens des Judentums eine veränderte emotionale Zuwendung wahr. Die Bekehrung der Juden im Geist der Liebe war ein nicht zu unterschätzender neuer Aspekt judenmissionarischer Theologie und Praxis, die sich dadurch deutlich von der herrschenden Orthodoxie unterschied. Die ungelöste theologische Problematik der Judenmission bestand jedoch darin, dass auch in ihren Kreisen das Judentum nach wie vor als unter dem Fluch- und Zorngericht Gottes stehend angesehen wurde.[178]

---

[174] Robert Brandau, *Innerbiblischer Dialog und dialogische Mission* , S. 14.

[175] Christiane Dithmar, *Zinzendorfs nonkonformistische Haltung zum Judentum*, Schriften der Hochschule für Jüdische Studien; Bd. 1 (Heidelberg: Universitätsverlag C. Winter, 2000), S. 60.

[176] A.a.O., S. 60.

[177] Vgl. Paul Gerhard Aring, *Christen und Juden heute – und die Judenmission?* (Frankfurt am Main: Haag + Herchen Verlag, 1989), S. 121f.

[178] Robert Brandau, *Innerbiblischer Dialog und dialogische Mission*, S. 14.

4.2.3   Chiliastische Hoffnung und Ablehnung der Judenmission

Man kann die Einstellung des Pietismus zur Judenmission auf keinen Fall als einheitlich bezeichnen, weil der Pietismus selbst keine einheitliche Größe darstellte. Die chiliastischen Hoffnungen haben einen radikalen Pietismus hervorgerufen, der der Judenmission gegenüber eine ablehnende Haltung entwickelte. Die neubelebte christliche Hoffnung auf das noch ausstehende tausendjährige Reich, verbunden mit der heilsgeschichtlichen Tradition führte zur Anschauung, dass Israel nicht durch die Kirche, sondern durch den wiederkommenden Christus bekehrt würde.[179] Konsequenterweise brauchte Israel nicht missioniert zu werden, sondern wartete auf seine endgültige Bekehrung. So schreibt Brandau: „Die radikale Ablehnung der ‚Judenmission' wird damit begründet, dass die Christenheit in Gottes Heilshandeln nicht eigenmächtig eingreifen dürfe."[180] Der Auftrag der Christen gegenüber den Juden besteht nach diesem heilsgeschichtlichen Modell in bedingungsloser Liebe zu ihnen und in der Verbesserung der sozialen Bedingungen für sie. Laut eschatologischer Erwartungen im radikalen Pietismus werden die getrennten Wege von Juden und Christen in der Endzeit zusammenlaufen. Bis dahin sollen Christen bessere Christen, und Juden bessere Juden werden, indem sie die Tora ernst nehmen und ihre Gebote besser befolgen.

Eine solche Einstellung zur Judenmission widersprach dem Befehl Jesu zum Zeugendienst gegenüber allen Menschen grundlegend (Apg. 1,8), der eben in Jerusalem und Judäa beginnen sollte, d.h. zuerst an die Juden bzw. das Volk Israel gerichtet war. Man hätte eigentlich auch nicht an den zahlreichen Schriftstellen in Römer 9 und 10 vorbei gehen können, die einen Appell an die Heidenchristen richten, das Evangelium Juden nicht vorzuenthalten, um einseitig Röm 11,26 zu betonen, das sich auf die endzeitliche Erlösung Israels bezieht. Demgegenüber blieb Röm 1,16 das Motto der Nachfolger Speners und Callenbergs und wurde später von Zinzendorf aufgegriffen. Darin liegt der entscheidende Unterschied zwischen den missionstheologisch orientierten und den radikalen Pietisten.

Bevor die besondere Rolle Zinzendorfs und der Herrnhuter Gemeine in der Entwicklung der Judenmission betrachtet wird, möchte ich eine kurze Zwischenbilanz ziehen:

1. Obwohl der radikal-chiliastische Pietismus die Judenmission grundsätzlich ablehnte, findet man in seiner Theologie einen bemerkenswerten Gedanken: Israels Erwählung und Berufung als Volk Gottes besteht fort. Ein nächster Schritt wäre die Anerkennung nicht nur der eschatologischen, sondern

---

[179]   Vgl. Robert Brandau, *Innerbiblischer Dialog und dialogische Mission*, S. 15.

[180]   A.a.O., S. 16.

auch der prophetischen Berufung Israels, ein Missionarsvolk für die Völker zu sein. Diese Erkenntnis wird später bei einzelnen Judenmissionaren, sowie in der modernen messianischen Bewegung eine entscheidende Rolle spielen.

2. In der Zeit vor dem Aufbruch des Pietismus gab es einzelne Juden, die sich zum christlichen Glauben bekehrten. Ihre wahren Motive blieben unklar. Neben denen, die wirklich religiös überzeugt waren, gab es solche, die die Taufe als Eintritt in die christliche Gesellschaft oder als eine Chance zur Verbesserung ihrer bettelarmen Lebensumstände ansahen. Allerdings, gleichgültig aus welchen Gründen, als ehemalige Juden mussten sie die Taufe an sich vollziehen lassen und dem Judentum abschwören. Ihr Name wurde geändert und sie durften nicht mehr nach ihren Traditionen leben. Manche von ihnen, die gebildet waren, verdienten ihren Lebensunterhalt mit dem Abfassen von Traktaten und Schriften, die hauptsächlich gegen den Talmud und gegen jüdische Traditionen zielten. Der Pietismus allerdings, besonders der Einsatz von Zinzendorf und Lieberkühn, hat es Judenchristen ermöglicht, ihre Identität zu bewahren und dadurch von ihrem eigenen Volk auch als Zeugen und nicht als Renegaten angesehen zu werden.

3. Der Beitrag des halleschen Pietismus, insbesondere die Arbeit des Institutum Judaicum ist für das neue theologische Verständnis der Judenmission enorm wichtig. Er beinhaltet zum einen die Anerkennung der bleibenden Erwählung Israels und zum anderen, dass Juden, die an Jesus glauben, Juden bleiben dürfen. Die Freunde des Instituts äußerten sich positiv zur bleibenden Erwählung Israels. Außerdem bekannten viele von ihnen, Juden zu lieben und bezeichneten sich als deren Brüder.[181] Es ist von herausragender Bedeutung, dass ein Drittel der Institutsfreunde über Juden nicht nur aus Missionsberichten Bescheid wusste, sondern dass sie Umgang mit Juden pflegten und aktiv Wege suchten, ihnen das Evangelium in Wort und Tat zu bezeugen.[182] Was für ein gutes Beispiel für die Freunde der modernen Missionswerke, die das messianische Zeugnis unter Juden unterstützen!

4. Angesichts der Erwartung einer allgemeinen Judenbekehrung trat die traditionelle Betonung der jüdischen Verstockung als Entschuldigung für Passivität und sogar für eine abwertende Einstellung zu Juden in den Hintergrund. Diese Tatsache hat eine bleibende Bedeutung für die Judenmission in moderner Zeit. Die positiven Erwartungen zusammen mit einer guten Portion Vertrauen auf Gottes Verheißungen führen zu einer gesunden biblischen Einstellung zum Volk Israel, so wie sie bei Paulus anzutreffen ist.[183]

---

[181] Vgl. Christoph Rumatzki, *Hallischer Pietismus und Judenmission* (Tübingen: Max Niemeyer Verlag GmbH, 2004), S. 425.

[182] A.a.O., S. 441.

[183] Vgl. Röm 9,1-5; 10,1; 11,1-5.

5. Bemerkenswert ist es, wie im halleschen Pietismus mit ausbleibenden „Bekehrungserfolgen" umgegangen wurde. Im Unterschied zu Luther führte dies nicht zur Verurteilung der Juden, sondern zu der Feststellung, dass Gottes Zeitplan manchmal anders ist als die menschlichen Erwartungen und daher waren viele Anhänger des Pietismus der Auffassung, dass „... die Zeit für die erwartete Judenbekehrung gegenwärtig noch nicht gekommen sei."[184] Sie haben trotz dieser Feststellung aber nicht resigniert, sondern setzten ihre Kontakte mit Juden fort[185] und beteten für ihre Bekehrung.

6. Bei allen zukunftsweisenden Beiträgen des halleschen Pietismus muss man bemerken: Sein theologisches Verständnis schloss „die Ausprägung einer spezifisch juden-christlichen Identität in einer eigenen Gemeinde aus."[186] Der Einsatz von Zinzendorf sollte dann allerdings diese Einstellung in Frage stellen.

4.3   Die Herrnhuter Gemeine und ihre Bedeutung für die Judenmission

Nikolaus Ludwig Graf von Zinzendorfs Wirkungszeit liegt in einer Epoche der Kirchengeschichte, in der drei feste Positionen in Bezug auf das Volk Israel vertreten wurden. Die orthodoxe Position vertrat die Meinung: Gott hat die Juden als Feinde verstoßen und als Gottesmörder sind sie der ewigen Verdammnis preisgegeben. Diese Position spiegelt sich z.B. in den theologischen Schriften von Johann Arndt:

> Die Verstoßung der Jüden und aller Feinde Christi und setzet der Heilige Geist die Ursach. Gott werde die Feinde flüchtig machen wie Cain und die Jüden und werde sie zum Ziel setzen darin er alle seine Pfeile schießen werde und beschleust mit einem Lobspruch, dass sich Christus herrlich und mächtig zeigen solle. Denn: Gott zürnet mit niemand so sehr als mit denen, die seinen lieben Sohn (...) lästern und nicht annehmen wollen.[187]

Die andere Position war die pietistische Haltung, die von einer nüchternen Liebe zu Israel geprägt wurde, deren Ursprung nicht emotionaler, sondern

---

[184]   Christoph Rumatzki, *Hallischer Pietismus und Judenmission*, S. 452.

[185]   A.a.O., S. 452.

[186]   A.a.O., S. 456.

[187]   J.Arndt, *Der ganze Psalter Davids des Heiligen Königs und Propheten*, in 462 Predigten ausgelegt und erklärt, also dass über die meisten Psalmen verschiedene Predigten und Betrachtungen angestellt sind (Frankfurt am Mayn, 1701), zitiert aus Christiane Dithmar, *Zinzendorfs nonkonformistische Haltung zum Judentum*, S. 73, Fußnote 198.

eschatologischer Natur war und die Judenmission bejahte. Sie wurde vor allem in Halle vertreten und fand ihren Ausdruck in der Tätigkeit des Institutum Judaicum.[188] Die dritte Position wurde vom radikalen Pietismus mit seiner Ablehnung der Judenmission und seiner Neigung zum Philosemitismus vertreten und hatte damals nicht wenige Anhänger unter den Christen. Ein gewisser Einfluss auf Zinzendorfs theologische Einstellung, so Erich Beyreuter, ging von der Großmutter Zinzendorfs aus, die „aufgrund dieser philadelphischen Gesinnung, die eine gewisse Offenheit zu unkonventionellen Ideen beinhaltete als Mittlerin zwischen Orthodoxen und Pietisten"[189] galt.

Nikolaus Ludwig Graf von Zinzendorf bezeugte die Missionspflicht an Israel. Der Gründer der Brüdergemeine in Herrnhut sagte einmal über seine Methode der Verkündigung unter Juden:

> Allemal voraussetzen, dass Moses und die Propheten von keinem anderen Gott gewusst haben, als von dem, der Mensch worden ist: Höre Israel! Du hast keinen Gott als Jahwe, deinen Gott; wo ist ein Volk, dessen Gott hingegangen ist, Jesus zu werden? Im übrigen nicht disputieren, sondern den Mann ansehen, ob die Decke noch vor dem Herzen hängt, und wenn das ist, ihn laufen lassen.[190]

Nikolaus Graf von Zinzendorf ging bei seiner Judenmission von der christlichen Nächstenliebe aus. Er gab die Empfehlung, nur dann mit Juden über den Glauben zu sprechen, wenn sie offen für das Evangelium wären. Zinzendorf richtete auch jährlich einen Tag der Fürbitte für die Juden ein, wobei es ihm besonders um deren Bekehrung und die Gründung judenchristlicher Gemeinden ging.

Das Besondere an Zinzendorf war sein Gespür dafür, wie eine evangelistische Predigt für Juden formuliert sein muss. In seinen Predigten ging er auf diejenigen Gestalten in der hebräischen Bibel ein, die für Juden eine große Bedeutung haben und deutete sie christologisch, z.B. Jakob, Josef, Mose, David. In seinen Ausführungen ging er von einem verborgenen Christuszeugnis schon in der Geschichte Israels aus. So predigte er z.B. über Jakobs Kampf am Jabbok und zeigte in genialer Weise eine Parallele auf: So wie

---

[188]   Diese Position wurde ausführlich in 4.2.1. behandelt. Anmerkung des Autors.

[189]   Christiane Dithmar, *Zinzendorfs nonkonformistische Haltung zum Judentum*, S. 68.

[190]   Aus einem Brief Zinzendorfs vom 28. Mai 1742 aus Philadelphia. Zitiert aus Martin Schmidt, *Judentum und Christentum im Pietismus des 17. und 18. Jahrhunderts*. In: Kirche und Synagoge – Handbuch zur Geschichte von Christen und Juden, Bd. 2. (Stuttgart : Ernst Klett Verlag, 1970), S. 118.

Jakob mit dem Unbekannten gekämpft hat, so sollten Juden sich dem bis jetzt Unbekannten (Christus) stellen.[191]

Was hat Zinzendorf dazu bewegt, dem jüdischen Volk einen großen Teil seines Leben zu widmen? Unter anderem waren das persönliche Begegnungen mit gelehrten und einfachen Juden. Diese Menschen, ihr Leben und Leiden waren für Zinzendorf entscheidend, dass ihm die Judensache, wie er es selbst einmal bezeichnete, zum eigenen Anliegen wurde.[192] Dieses echte innere Interesse am Volk der Juden trieb Zinzendorf später dazu, dass sein Anliegen auch zum Anliegen der Brüdergemeine wurde.[193] „Ab 1727 lässt sich eine vermehrte Anwesenheit von Juden in Herrnhut nachweisen."[194] Juden hörten Zinzendorfs Predigten an und ihre Anwesenheit schien ganz normal zu sein. Das bedeutet, dass Juden Zinzendorfs Ansichten nicht als abwertend empfanden. Ein anderer Grund, das belegt Dithmar, war die Bereitschaft der Brüdergemeine, Juden in ihrer Mitte freundlich aufzunehmen, sogar dann, wenn sie noch nicht getauft waren.[195]

4.3.2 Zinzendorfs methodische und theologische Grundlagen für Mission – ein Paradigmenwechsel in der Judenmission

Obwohl Zinzendorf seine theologische Einsicht nie in eine systematische Darstellung gefasst hat, kann man seinen Beitrag gewiss als einen Paradigmenwechsel in der Judenmission bezeichnen.

Im Unterschied zur Orthodoxie, aber auch zu vielen pietistischen Kreisen, betonte Zinzendorf eine starke Kontinuität zwischen Judentum und Christentum.[196] Auch folgende Einstellung Zinzendorfs zur Identität der Judenchristen war mehr als revolutionär für seine Zeit: Wenn der Jude Jesus selbst sich als Messias und Erlöser Israels erwiesen hat, heißt das, dass jesusgläubige Juden ihre jüdische Identität bewahren sollen. An dieser Stelle ist anzumerken, dass die jüdische Identität von Jesus in der Theologie Zinzendorfs eine gewichtige Rolle nicht nur für die Judenmission, sondern auch für die Überwindung der konfessionellen Grenzen spielt. Ein solches Phänomen wird heutzutage in den modernen messianischen Gemeinden beobachtet, in denen konfessionelle Grenzen verschwimmen. So fasst Dithmar diese Perspektive

---

[191]   Vgl. Christiane Dithmar, *Zinzendorfs nonkonformistische Haltung zum Judentum*, S. 103.

[192]   A.a.O., S. 108.

[193]   Ebd.

[194]   C. Dithmar, a.a.O., S. 98.

[195]   C. Dithmar, a.a.O., S. 100.

[196]   Anm. des Autors. Die moderne messianische Bewegung geht von der Kontinuität zwischen dem älteren und neuen Bund aus.

zusammen: „Das Judesein Jesu wäre damit ein Bild für das Ideal einer nicht in Grenzen und Konfessionen denkenden Kirche, sondern einer grenzübergreifenden christlichen Bruderschaft."[197]

Sehr spezifisch war auch die Einstellung Zinzendorfs zum zentralen Thema im Gespräch mit Juden: zum Gesetz. Er lehnte den lutherischen Dualismus von Gesetz und Gnade ab: Das Gesetz des Moses ist keine Pflicht, sondern ein Ausdruck von Gottes Gnade. Interessant in diesem Zusammenhang ist eine Bemerkung von Robert Brandau: „Damit integriert Zinzendorf die Ethik in die Dogmatik, was von Karl Barth später systematisch im Aufbau seiner KD durchgeführt und in seinem Aufsatz ‚Evangelium und Gebot' zugrunde gelegt wurde."[198]

Eine andere Meinung zu der Einstellung Zinzendorfs zum Gesetz äußert Martin Schmidt. Für Zinzendorf sei Christus das Ende des Gesetzes gewesen und das Gesetz hätte keine wirkende Kraft nach Jesus. So führt Schmidt aus:

> Das Gesetz hatte seine Mission erfüllt, nach der Erscheinung Jesu besaß es keine Daseinberechtigung mehr. Jetzt galt es, sich allein an Jesus als die Offenbarung Gottes zu halten. Darum sprach der Graf von ihm, dem Gesetze, immer nur historisch.[199]

In seinem methodischen Ansatz ist Zinzendorfs gründliche Kenntnis nicht nur der hebräischen Bibel, sondern auch der unterschiedlichen jüdischen Auslegungstraditionen hervorzuheben. Diese Kenntnis hat Zinzendorf nicht nur aus der Lektüre von theologischen Erörterungen, sondern vor allem aus lebendigen Begegnungen und Gesprächen mit Juden erworben. So weiß er z.B., dass „es eine jüdische Tradition gibt, die Jesaja 53 durchaus auch auf den Messias beziehen kann."[200]

Was die Strategie Zinzendorfs auszeichnete, ist, dass er seine Verhaltensweise in der Judenmission ohne Bedenken seiner Dogmatik unterordnete. So konstatiert Brandau: „Zinzendorf ist auf der Suche nach einer angemessenen Methode, ohne dabei die für ihn zentrale Frage der Christologie außer Acht

---

[197] Christiane Dithmar, *Zinzendorfs nonkonformistische Haltung zum Judentum*, S. 89-90.

[198] Robert Brandau, *Innerbiblischer Dialog und dialogische Mission*, S. 18, Fußnote 71.

[199] Martin Schmidt, *Judentum und Christentum im Pietismus des 17. und 18. Jahrhunderts*. In: Kirche und Synagoge – Handbuch zur Geschichte von Christen und Juden, Bd. 2. (Stuttgart :Ernst Klett Verlag, 1970), S. 118.

[200] Christiane Dithmar, *Zinzendorfs nonkonformistische Haltung zum Judentum*, S. 113.

zu lassen."[201] Diese „zentrale Frage" drückt sich für Zinzendorf in einer völligen Identifikation des Gottes des AT mit Jesus aus. Für Zinzendorf „... ist der Gott des AT nicht der Vater Jesu, sondern Christus selbst."[202] Diese radikale Christusbezogenheit Zinzendorfs wurde von vielen orthodoxen christlichen Theologen heftig kritisiert. Auch Juden konnten sie nicht akzeptieren, sogar Judenchristen nicht. Das bedauert Zinzendorf, meint Erich Beyreuther und drückt das in folgenden Worten aus: „Ihre Frömmigkeit ist ihm offensichtlich aus der ganzen Gewöhnung des jüdischen Menschen zu stark theozentrisch und nicht christozentrisch gewesen."[203]

Sowohl Zinzendorfs theologische Überzeugungen wie auch seine methodischen Ansätze waren unkonventionell. So zogen z.B. in seinem Auftrag die Judenmissionare Dober und Lieberkühn 1738 nach Amsterdam, um mit den dort ansässigen Juden im Ghetto zu leben. Ein gemeinsames Leben brachte mehr Verständnis für einander und schließlich weckte es bei den Juden ein unverfälschtes Interesse an den Christen. Dieses Experiment brachte keine sichtbaren Erfolge in der Judenmission, so fasst es Dithmar zusammen – „muss also als Versuch aufgefasst werden, zunächst ein angemessenes Verständnis des Judentums selbst zu gewinnen, bevor überhaupt an einen Missionsansatz gedacht werden konnte."[204]

Ein entscheidendes Moment, das das judenmissionarische Verständnis Zinzendorfs erweiterte, bildete seine Begegnung und sein weiterer Umgang mit dem *marranischen*[205] Juden da Costa. Die ausführlichen Gespräche mit da Costa halfen Zinzendorf, die Erlösungsbedürftigkeit im jüdischen Kontext besser zu verstehen. Das führte ihn dazu, das Jom-Kippur-Fest, wenn auch nach eigener Liturgie, in der Brüdergemeine einzuführen. Damit sensibilisierte Zinzendorf die ganze Gemeinde dafür, für die Erlösung des Volkes Israels zu beten, was ein bis dahin einmaliger Akt in der Kirchengeschichte war. Das betrifft auch die Idee einer *Judenkehille*[206] Hier, in dieser *Kehille*

---

[201] Robert Brandau, *Innerbiblischer Dialog und dialogische Mission*, S. 17.

[202] Ebd. S. 18.

[203] Erich Beyreuther, „Zinzendorf und das Judentum," Judaica, 19, Ev.-lutherischer Zentralverein für Mission unter Israel, (Zürich: Zwingli-Verlag, 1963), S. 241.

[204] Christiane Dithmar, *Zinzendorfs nonkonformistische Haltung zum Judentum*, S. 133.

[205] Marranen ist die Bezeichnung für die zur Verleugnung ihrer Religion gezwungenen spanischen Juden. Jüdisches Lexikon, Bd. 3, S. 1396.

[206] Vgl. Dithmar, *Zinzendorfs nonkonformistische Haltung zum Judentum* S. 134, Fußnote 469. Das Wort „*Kehille*" ist jiddisch. Es stammt vom hebräischen „*kehilla*" und heißt Gemeinde. Gemeint ist eine spezifisch judenchristliche Gemeinde mit jüdischen Traditionen.

sollten die Erstlinge aus dem Volk Israel gesammelt werden. Eine solche judenchristliche Gemeinschaft sollte, so le Roi „eine ganz besondere Anziehung auf die Juden ausüben."[207] Das jiddische Wort *Kehille* hat seinen Ursprung im hebräischen *Kahal*, was wiederum im NT *Ekklesia*, die Versammlung, die Herausgerufenen bedeutet. Damit brachte Zinzendorf seine Vision, „Die Erstlinge aus dem Volk Israel" zu sammeln zum Ausdruck. Seine Idee fand Unterstützung über die Grenzen von Herrnhut hinaus. So bezeugt Jung: „Pietistische Theologen, angefangen bei Spener über Bengel bis zu Oetinger, verbanden mit der Aufnahme von Juden in die Kirche hochgesteckte Erwartungen, denn sie galten ja als Erstlinge einer in naher Zukunft erwarteten Gesamtbekehrung des jüdischen Volkes nach Röm 11,25f."[208] Zuerst sah Zinzendorf diese Sammlung als ein eschatologisches Ereignis und zwar in Israel. Später aber, als sich „dieses Ereignis offensichtlich nicht abzeichnete,"[209] leuchtete Zinzendorf ein, dass die Brüdergemeine der Ort sein sollte, an dem die ersten Judenchristen ihren Glauben leben können, ohne dabei ihre jüdische Identität zu verleugnen. 1750 kam es wirklich zur Gründung einer *Judenkehille* in Herrnhut und 1751 zu einer solchen in London, die sich von der in Herrnhut dadurch unterschied, dass sie eine judenchristliche Gemeinde in einem jüdischen Umfeld bildete, während sich die Herrnhuter *Kehille* in einem christlichen Umfeld befand. Manche Autoren bestreiten allerdings, dass es in Herrnhut zur Gründung der *Judenkehille* gekommen sei und sind der Ansicht, dass der Versuch aus unterschiedlichen Gründen gescheitert sei.[210]

Man darf den exemplarischen Versuch Zinzendorfs, eine judenchristliche Gemeinde zu gründen nicht unterschätzen. Außer einer solchen Gemeinschaft gab es keine Möglichkeit für Judenchristen, ihren Glauben in einem jüdischen Kontext zu entfalten. Obwohl die lutherische Kirche damals auch getaufte Juden aufgenommen hatte, waren ihre Bedingungen für die Ausübung des Glaubens nicht mit denjenigen der Herrnhuter Judenchristen zu vergleichen. So schreibt Jung: „Zwischen 1675 und 1780, also in 106 Jahren, wurden in Württemberg nachweislich 36 Juden getauft."[211] Wie war aber der

---

[207] J.F.A. de le Roi, *Die evangelische Christenheit und die Juden*, Bd. 1 (Karlsruhe und Leipzig: Verlag von H. Reuther, 1884), S. 364.

[208] Martin Jung, *Die württembergische Kirche und die Juden in der Zeit des Pietismus*, S. 285.

[209] Christiane Dithmar, *Zinzendorfs nonkonformistische Haltung zum Judentum*, S. 167.

[210] Ebd.

[211] Martin Jung, *Die württembergische Kirche und die Juden in der Zeit des Pietismus*, S. 233.

Umgang der Kirche mit den getauften Juden? Jung beantwortet diese Frage folgendermaßen, dass

> … ein Christ jüdischer Herkunft, der sich mit einem Anliegen an das Konsistorium oder den Kirchenrat wandte, nicht nur mit seinem Namen oder als Bettler oder Bittsteller um Arbeit registriert wurde, sondern als *conversus Iudaeus*, „getaufter Jude" oder als „jüdischer Proselyt".[212]

Man kann diese Tatsache als ein Paradox betrachten: Einerseits erwartete die christliche Kirche von getauften Juden eine völlige Absage an das Judentum, andererseits blieb ein Jude ein Jude, d.h. die Person zweiter Klasse, selbst dann, wenn er sich taufen ließ.[213]

Zinzendorf hinterließ der Brüdergemeine ein geistliches Vermächtnis in Bezug auf das jüdische Volk. Zum einen war das die Fürbitte für Israel, die von ihm in die Sonntagsliturgie eingeführt worden war und auch besonders an Jom Kippur praktiziert wurde. Le Roi bezeugt die Bedeutsamkeit der Fürbitte:

> Besonders wurde ihrer während der früheren Zeit der Gemeine an Jom Kippur, dem jüdischen Versöhnungstage gedacht. Kniend wurde hier für Israels Bekehrung von der ganzen Gemeine gebetet. Das tiefgreifende Gebet, welches Zinzendorf am Versöhnungstage 1739 in gebundener Rede vor der Versammlung kniend darbrachte, ist noch erhalten, und das Gesangbuch der Brüdergemeine enthielt schon früh Lieder, welche die Bekehrung der Juden erflehen.[214]

Zum anderen hat man in der Brüdergemeine Schabbat gefeiert. Es war aber nicht so, dass am Sonntag kein Gottesdienst gefeiert wurde. Aber Zinzendorf hat es durchgesetzt, dass der Schabbat zu einem Ruhetag wurde. Sein Verständnis von Schabbat und Sonntag ist sehr bemerkenswert. Man kann es aus einem Dialog mit seinem Nachfolger Spangenberg herauslesen:

> Zinzendorf: Der Sabbat ist unser wirklicher Ruhetag von aller geistlichen und leiblichen Arbeit, der Sonntag aber ist ein Tag geistlicher Arbeit, der erste Arbeitstag, dem Heiland und seiner Suche allein gewidmet zum besten der Seele. Darauf folgen fünf Arbeitstage. – Spangenberg: Man macht

---

[212]   Ebd. S. 248.

[213]   Vgl. Jung, S. 249.

[214]   J.F.A. de le Roi, *Die evangelische Christenheit und die Juden*, Bd. 1 (Karlsruhe und Leipzig: Verlag von H. Reuther, 1884), S. 364.

die Objektion: 6 Tage sollst du arbeiten und wir haben nur 5. – Zinzendorf: Wir arbeiten auch 6 Tage. Nur einen ganz für den Heiland! [215]

Eine solche Praxis ist wegweisend für judenchristliche Gemeinden in der modernen Zeit, als ein Beispiel des Zusammenlebens von Juden und Christen.

Zinzendorf hielt selbst die *Kaschrut*,[216] um eine Tischgemeinschaft mit Juden zu ermöglichen. In diesem Zusammenhang bemerkt le Roi: „Den Juden war er recht eigentlich ein Jude geworden, um ihrer etliche zu gewinnen,"[217] – gerade dieses paulinische Prinzip[218] wurde zu der treibenden Kraft in der Missionstätigkeit Zinzendorfs an den Juden.

Ausbleibende Bekehrungserfolge enttäuschten Zinzendorf nicht. Er suchte die Ursache nicht in der Verstocktheit der Juden, dies war der Ansatz des halleschen Pietismus, sondern hinterfragte kritisch seine eigenen Ziele und Methoden. So schreibt Dithmar: „Die Reaktion Zinzendorfs auf sein Scheitern auf der Ronnenburg ist indes bemerkenswert, als er sich nicht mit der üblichen christlichen Erklärung abfindet, die Juden seien ‚verstockt', sondern die Einsicht gewinnt, dass sein Plan noch schief ist."[219] Auch in seinen letzten Lebensjahren fiel Zinzendorf nicht in Resignation, obwohl er mit seinen Bemühungen, Juden Jesus nahe zu bringen, nicht viel Erfolg ernten konnte. Auch die Sache mit der *Judenkehille* scheiterte letztlich. Trotzdem war Zinzendorf zuversichtlich, dass Gott sein Heilsprogramm für Israel in der Endzeit verwirklichen würde. Dazu schreibt Dithmar dazu: „Zinzendorf hat aus dieser Einsicht nicht die aggressiven und fatalen Konsequenzen gezogen, die Luther belasten. Vielmehr verarbeitete er seine Enttäuschung unter dem heilsgeschichtlichen Aspekt: ‚ihre Stunde ist noch nicht da'(…)."[220]

Wie schon oben erwähnt, gab es mehrere Faktoren, die Zinzendorfs Haltung zum Volk Israel bestimmt haben. Jung bemerkt über den Kern von Zinzendorfs Israeltheologie:

---

[215] Diese Aussage von Zinzendorf steht in Jüngerhaus-Diarium (JHD) 1750, Synodus (Bd. 6), S. 241f. Zitiert aus Dithmar, S. 221.

[216] Jüdische Speiseregeln. Anm. des Autors.

[217] J.F.A. de le Roi, *Die evangelische Christenheit und die Juden*, Bd. 1 (Karlsruhe und Leipzig: Verlag von H. Reuther, 1884), S. 364.

[218] Vgl. 1 Kor 9,20.

[219] Christiane Dithmar, *Zinzendorfs nonkonformistische Haltung zum Judentum*, S. 127.

[220] A.a.O., S. 211.

In der bleibenden Erwählung Israels und Israels konstanter, wenn auch unbewusster Christus-Bezogenheit wurzelte bei Zinzendorf eine bleibende Wertschätzung der Juden als Juden. Seine radikale Christologie führte ihn zu einer Israeltheologie mit großer Weite.[221]

Diese wichtige Feststellung führt zu der Schlussfolgerung, die für das messianische Zeugnis an Israel in heutiger Zeit unabdingbar ist: Wenn Christen erkennen, dass Jesus vor allem der jüdische Messias ist, dann wird dies ihre Einstellung zum Volk Israel verändern und sie werden Israel in der Liebe Jesu begegnen.

4.3.3   Samuel Lieberkühn und seine Missionsmethodik

Samuel Lieberkühn war eine weitere entscheidende Persönlichkeit für die Herrnhuter Missionstätigkeit unter den Juden. Er hatte zahlreiche Begegnungen mit Juden im Großraum Frankfurt und konnte ihnen das Evangelium bezeugen. Jüdische Schriften waren ihm so vertraut, dass viele Juden meinten, er sei ein *Meschummed*.[222] Der Höhepunkt seines Dienstes war, dass ein Rabbiner zum Glauben an Jesus kam.

Lieberkühn war ein Experte in der Judenmission. So stellt Dithmar fest: „Es hat in der Brüdergemeine niemanden sonst gegeben, der sich so viele Kontakte zu Juden und ein so differenziertes Bild vom Judentum erwarb wie Lieberkühn."[223]

Nach Lieberkühns Meinung waren Juden für das Evangelium nur schwer zu gewinnen. Das größte Hindernis waren seiner Ansicht nach allerdings die Christen selbst, denn ihr Lebenswandel war nicht anziehend. Zudem gab es Spaltungen unter den Christen und sie bekämpften sich gegenseitig. Lieberkühn legte großen Nachdruck darauf, dass Christen ihren Glauben auch praktisch vorlebten. Nur dann wäre das Zeugnis von Jesus auch glaubwürdig. Viele Juden in Deutschland und Amsterdam wurden durch den Dienst von Samuel Lieberkühn auf seinen Glauben eifersüchtig. Sie lernten mit ihm einen lebendigen Zeugen des Glaubens kennen, einen Christen, dessen Herz für sie schlug. So bezeugt Dithmar: „Offenbar haben sich Juden von seiner Umgangsart akzeptiert gefühlt und sie geschätzt."[224]

---

[221] Martin H. Jung, *Christen und Juden*, S. 172.

[222] Jiddisch: ein abgefallener Jude. Anm. des Autors.

[223] Christiane Dithmar, *Zinzendorfs nonkonformistische Haltung zum Judentum*, S. 152.

[224] Ebd. S. 123.

Lieberkühn fasst seine Missionsmethodik in vier Schritten zusammen. Zum einen weist er auf Jesus als den gekreuzigten Messias. Zum anderen erklärt er, dass „die Verheißungen des Alten Testaments von ihrer Erlösung aus der jetzigen Gefangenschaft noch nicht erfüllt sind, aber in Erfüllung gehen werden, und zwar wieder allein durch Jesum Christum."[225] Zum dritten räumt er ein, dass Juden, die an Jesus gläubig geworden sind, das Gesetz behalten können, solange sie es nicht als Heilsweg ansehen. Und zum vierten besteht Lieberkühn auf dem Recht der Juden, das Volk Gottes unter den Völkern zu bleiben.[226] Lieberkühn nimmt selbst Bezug auf seine Methode: „Nach dieser Methode habe ich bisher meinen Umgang mit Juden eingerichtet und es hat zuletzt auch in Zeist einen schönen Anschein bekommen, dass noch ein Segen für dieses Volk herauskommen werde."[227]

Seine Missionsmethodik hat Lieberkühn aus Erfahrungen und Einsichten entwickelt, die er im Umgang mit Amsterdamer Juden gewonnen hatte. Über diese Methodik führt Dithmar aus:

… gründete in dem Bestreben, die jüdische Anfragen an das Christentum, die in der Regel nicht wahrgenommen wurden und folglich dazu führten, dass Gespräche zwischen Christen und Juden sehr schnell in Sackgassen gerieten, ernst zu nehmen. Deswegen bildete die genaue Kenntnis der äußeren und inneren Situation des Judentums den Ausgangspunkt seiner Überlegungen.[228]

Diese Kenntnis nützte aber Lieberkühn im Unterschied zu Zinzendorf, der auf einen religiösen Disput völlig verzichten wollte, um einen vernünftigen, sachbezogenen Dialog mit Juden zu führen.[229] In diesem Dialog erfasst Lieberkühn die jüdischen Anfragen an die Messianität Jesu, findet aber auch Zustimmung bei den Juden in einer gemeinsamen Hoffnung auf das Kommen des Messias. Der Beweis, dass dieser kommende Messias der Gekreuzigte ist „lag für Lieberkühn in der Auferweckung."[230]

Das theologische Verständnis des Einsatzes Lieberkühns wird von Dithmar in folgender Weise herausgestellt:

---

[225] J.F.A. de le Roi, *Die evangelische Christenheit und die Juden*, Bd. 1 (Karlsruhe und Leipzig: Verlag von H. Reuther, 1884), S. 368.

[226] Ebd.

[227] Ebd.

[228] Christiane Dithmar, *Zinzendorfs nonkonformistische Haltung zum Judentum*, S. 155.

[229] A.a.O., S. 158.

[230] A.a.O., S. 160.

Im Zentrum der Theologie Lieberkühns steht also nicht das Kreuz und der Versöhnungstod Christi für alle. Stattdessen wird der Blick auf den gemeinsamen Hoffnungspunkt der Geschichte, auf das Reich Gottes und auf das zukünftige Kommen des Messias gelenkt.[231]

4.4   Zusammenfassung:

Kann man von einem Erfolg der Judenmission im 17. und 18. Jahrhundert sprechen? Stephan Holthaus schreibt: „Von einer wirklichen Durchdringung der jüdischen Kreise mit dem Evangelium war man weit entfernt. Regelrechte Strategien für die Mission unter Juden wurden nicht entwickelt. Dies blieb späteren Zeiten vorbehalten."[232] Dieselbe Meinung vertritt de le Roi: „… alles dies geschah nun eben doch viel zu vereinzelt und viel zu wenig zusammenhängend, viel zu sehr als eine jeweilige da und dort auftauchende und nicht als eine beständig in gleicher Weise zu erfüllende Aufgabe."[233]

Wenn auch die Zahl der bekehrten Juden sehr gering blieb, brachte der Pietismus dennoch eine neue Auffassung der Heilsgeschichte und dadurch eine neue veränderte Einstellung zum Volk Israel und zur Judenmission hervor. Allerdings schaffte er es nicht, die breiteren Kreise der evangelischen Kirche für das eigene Anliegen für Judenmission zu gewinnen. Dazu schreibt le Roi „es war schon ein Mangel, dass dies ganz überwiegend eine bloße Privattätigkeit blieb, und die Kirche sich nicht dazu aufraffte, selbst ihren Zeugenberuf an den Juden auszurichten."[234]

---

[231]   Ebd.

[232]   Stephan Holthaus, *Judenmission im Pietismus und in der Erweckungsbewegung* in Christen, Juden und die Zukunft Israels (Frankfurt am Main: Internationaler Verlag der Wissenschaften, 2009), S. 160.

[233]   J.F.A. de le Roi, *Die evangelische Christenheit und die Juden*, Bd. 1 (Karlsruhe und Leipzig: Verlag von H. Reuther, 1884), S. 438.

[234]   A.a.O., S. 439.

5 Judenmission in der Erweckungsbewegung

5.1 Missionsgesellschaften im 19. Jahrhundert. Erfolge und Misserfolge

Im 19. Jh. lebte die Heiden- und Judenmission richtig auf. Der Anstoß für die Judenmission ging dabei von England aus. Der geistliche Boden dafür war schon durch die Puritaner vorbereitet worden.[235]

Im Jahr 1809 wurde die „Londoner Gesellschaft zur Verbreitung des Christentums unter den Juden" gegründet. Die Anregung dazu erfolgte durch einen Deutschen jüdischer Herkunft, Christian Friedrich Frey.[236] Missionare und Freunde der Londoner Gesellschaft gaben den Anlass zur Gründung von Missionsgesellschaften in Frankfurt, Berlin, Dresden, Köln und Basel. Die Missionsgesellschaften beschränkten sich nicht nur auf Mission, sondern wirkten auch diakonisch. Die Proselytenhäuser gaben vielen getauften Juden die Möglichkeit, sich nicht nur auf die Missionsarbeit unter ihren Landsleuten vorzubereiten, sondern auch einen anderen Beruf zu erlernen. Um die jesusgläubigen Juden besser zu betreuen, wurden auch Schulen und Krankenhäuser gegründet. In diesen Einrichtungen wurde das Evangelium weitergegeben. Durch solche diakonischen Dienste wurden einige Juden für Jesus gewonnen.[237]

Eine großartige Perspektive eröffnete sich mit der Gründung der „Gesellschaft zur Beförderung des Christentums unter den Juden" 1822 in Berlin. Von ihr wurden Missionare ausgebildet und durch ihre Arbeit kamen auch viele Juden zum Glauben an Jesus und ließen sich taufen. Von Mitarbeitern dieser Gesellschaft und deren Reisepredigern gingen wichtige Impulse in die Evangelische Kirche aus. In der Zeitschrift „Der Friedensbote für Israel" wird über den 12. Deutschen Evangelischen Kirchentag in Brandenburg/Havel berichtet. Im dort verabschiedeten Votum stand: „Die Mission unter Israel ist noch notwendig und durchaus zeitgemäß", darum werde sie als „Pflicht der geistlichen Kräfte unserer Kirche anerkannt."[238] Es ist wirk-

---

[235] Stephan Holthaus, „Judenmission im Pietismus und in der Erweckungsbewegung: Ein Überblick", in: Berthold Schwarz und Helge Stadelmann: *Christen, Juden und die Zukunft Israels*, Beiträge zur Israellehre aus Geschichte und Theologie (Frankfurt am Main: Internationaler Verlag der Wissenschaften, 2009), S. 160.

[236] http://messianicjudaismwiki.com/wiki/Christian_Friedrich_Frey_%28Joseph_Sa muel%29 (04.04.2012).

[237] Vgl. Jung, *Christen und Juden*, S. 173, sowie Stephan Holthaus, *Judenmission im Pietismus und in der Erweckungsbewegung*, S. 161.

[238] Paul Gerhard Aring, *Christliche Judenmission* (Neukirchen-Vluyn: Neukirchener Verlag, 1980), S. 168.

lich bemerkenswert, dass die Missionsarbeit unter den Juden immer eine Herausforderung für die Kirche war und sie auf ihre Verantwortung hinwies und sie zur Mitarbeit herausforderte. So schreibt Pastor Johannes Bonnet, der die Judenmission in Köln voran brachte: „die Judenmission ist mehr als eine bloße Sache von Privatkreisen", wo sie doch „Sache der Kirche sein muss, die aus der Mission jüdischer Männer entstanden ist und sich auf den gründet, der nach dem Fleische Jude war."[239] Damit stellt er die Motivation für die Judenmission auf ein neutestamentliches Fundament.[240]

Trotz der lauteren Motive hatten die scheinbaren Missionserfolge ihre Schattenseite. So berichtet Jung: „Insgesamt zählte man im 19. Jahrhundert in Deutschland 17.520 Übertritte von Juden zum Christentum. (...) Nur ein kleiner Teil der Taufen dürfte auf missionarische Bemühungen und religiöse Motive zurückzuführen sein."[241] Die Chancen, sich beruflich und gesellschaftlich weiterzuentwickeln standen für Christen immer noch viel höher als für Juden. Solche unlauteren Konversionsmotive waren unter anderem die Gründe, warum manche führende christliche Theologen, wie z.B. Schleiermacher eine ablehnende Haltung gegen Judenmission einnahmen.[242]

Nicht nur in Deutschland, sondern auch in ganz Europa und Amerika gab es im 19. Jh. eine organisierte Judenmission, die nicht ohne Erfolg blieb. Selbst die Londoner Missionsgesellschaft schickte ihre Missionare nach Österreich, Frankreich, Holland, Italien, Rumänien und Russland.[243] Deutliche Spuren ihrer Arbeit konnte man in Indien, China, Afrika, Westindien und im Südpazifik verfolgen.[244] 470 Missionare dieser Gesellschaft wirkten an 146 Orten. Die Frucht ihrer Arbeit waren bis 1910 etwa 5.000 getaufte Juden.[245]

Von Bedeutung ist die Tatsache, dass die Judenmission manchmal zu einer Bereicherung der Kirche und dadurch zu einer wesentlichen Fortentwicklung der christlichen Theologie führte. So wurde z.B. in Dänemark der getaufte Sohn eines Rabbiners, Christian Andreas Hermann Kalkar, zu einem berühmten Theologen der dänischen Kirche, der sich unter anderem mit der

---

[239] A.a.O., S. 188.

[240] Vgl. Röm 9,1-5.

[241] Jung, *Christen und Juden*, S. 172-173.

[242] Vgl. Jung, *Christen und Juden*, S. 174.

[243] Vgl. Stephan Holthaus, *Judenmission im Pietismus und in der Erweckungsbewegung*, S. 161.

[244] Vgl. Shlomo Drori, Jurek Schulz, *Von Eden bis zum Paradies* (Basel und Giessen: Brunnen Verlag, 2006), S. 185.

[245] Vgl. Stephan Holthaus, *Judenmission im Pietismus und in der Erweckungsbewegung*, S. 161.

Geschichte des Verhältnisses von Juden und Christen auseinandersetzte und wichtige theologische Einsichten zum Thema Israel und Kirche veröffentlichte.[246]

Ein anderes Beispiel ist die Bekehrung von David Mendel. Durch die Berliner Gesellschaft zur Verbreitung des Christentums unter Juden zum christlichen Glauben bewegt, wurde David Mendel zu dem berühmten Kirchenhistoriker und Professor für Kirchengeschichte an der Berliner Universität Joachim Neander. Er unterstützte die Judenmission sein Leben lang aktiv.[247] Das waren erste Anzeichen für das, was die Kirche gewinnen könnte, wenn der seit Jahrhunderten fehlende Teil der Gemeinde Jesu, nämlich seine jüdischen Nachfolger, wieder „in den edlen Ölbaum eingepfropft wird".[248] Auf solchen Segen für die Kirche, den jesusgläubige Juden mit sich bringen, wird im weiteren Verlauf dieser Arbeit immer wieder hingewiesen.

5.2 Franz Delitzsch und sein Beitrag zur Judenmission

Wenn man den geistlichen Ertrag des Wirkens von Franz Delitzsch bewerten möchte, dann fallen zwei Schwerpunkte auf: Lehre und Forschung auf dem Gebiet der alttestamentlichen Wissenschaft auf der einen Seite und Judenmission auf der anderen Seite. Was hatte für Delitzsch Vorrang? Biblische Wissenschaft oder Mission für das Volk Israel? In einem seiner Briefe schrieb er: „Seit nun sechs Jahren sind meine Studien diesem Ziel zugerichtet gewesen."[249] Damit meinte er die judaistischen Studien. Aber welches Ziel wollte der große Theologe erreichen? Sicher wollte Delitzsch mit seinen rabbinisch-talmudischen Kenntnissen nicht die Christen beeindrucken. So Wagner: „Sein Ideal war das des Paulus, der Griechen um Christi willen ein Grieche werden wollte."[250] Delitzsch verdanken wir, dass eine wissenschaftlich fundierte Kenntnis der jüdischen Denkweise zur Voraussetzung für die Judenmission wurde. Diese Kenntnis war bei Delitzsch nicht nur das Ergebnis seines Studiums der rabbinischen Schriften, sondern vielmehr auch seiner lebendigen Beziehung zu Juden. Er scheute sich nicht, einen Zugang zu jüdischen Menschen aus allen sozialen Schichten zu suchen. Ob es ein jüdischer Student oder Akademiker war, ob ein jüdischer Händler oder eine Schar jüdischer Zuhörer – Franz Delitzsch fand immer die richtigen Worte, um das

---

[246] Vgl. Jung, *Christen und Juden,* S. 174.

[247] Vgl. Stephan Holthaus, *Judenmission im Pietismus und in der Erweckungsbewegung,* S. 162.

[248] Vgl. Röm 11,24b.

[249] Bf. an W. v. 1. Advent 1838, zitiert nach Siegfried Wagner, *Franz Delitzsch, Leben und Werk* (München: Kaiser Verlag, 1978), S. 150.

[250] Ebd., S. 150.

Vertrauen dieser Menschen zu gewinnen und ihnen das Evangelium in einer verständlichen Form mitzuteilen. Auch Krankenbesuche und die Vermittlung jüdischer Waisenkinder in christliche Familien waren ein Teil seiner umfangreichen Missionstätigkeit. Die von Delitzsch gegründete Zeitschrift für die Mission der Kirche an Israel „Saat auf Hoffnung" diente dazu, dass Juden ihren Messias kennen lernten und dass Christen sich auf die Wurzel ihres Glaubens zurückbesannen. Nach dem Zeugnis von Reinhard Dobert: „... begleitete die Zeitschrift die Geschichte der lutherischen Judenmission in Deutschland bis zu ihrem Verbot im Jahre 1934 und dann noch eine kurze Strecke nach 1945."[251]

Die Tatsache, dass die meisten Juden nicht an Jesus glauben wollten, brachte Delitzsch nicht davon ab, an den Verheißungen Gottes für Israel fest zu halten. In seiner ersten Missionsrede, gehalten in der Dresdner Waisenhauskirche am 13.08.1839, sagte er: „Auch wir müssten an der Bekehrung des jüdischen Volkes verzweifeln, wenn wir auf Schlussfolgerungen aus dem, was vor Augen liegt, gewiesen wären. Aber bei Gott sind alle Dinge möglich. Der Anker unserer Hoffnung ist das prophetisch-apostolische Wort."[252] Delitzsch betrachtete die Judenmission immer als unverzichtbare Aufgabe der Kirche und wies darauf hin, dass die kirchliche Trägheit, Liebesarmut und Gleichgültigkeit gegenüber Israel die wesentlichen Gründe dafür seien, dass Juden nicht an Jesus glauben. Leider hat sich diese Einstellung der Kirche zur Judenmission in den folgenden Jahrzehnten kaum verändert. 64 Jahre später fällte Heinz David Leuner ein noch härteres Urteil über die Kirchen Deutschlands: „Sie hätten im Ganzen aus dem letzten Jahrzehnt nichts gelernt. Es gebe kaum Gebete für Israel."[253]

Der Unglaube der Juden war aber für Delitzsch kein Hindernis, eher eine Herausforderung. Dabei war sein Missionseifer nicht auf eine euphorische Erwartung, sondern auf das prophetische Wort gegründet. Er glaubte mit voller Überzeugung an die priesterliche Zukunft Israels. Delitzsch stellte fest: „Die Bekehrung Israels ist, wenn man den immer tieferen Abfall der Kirche und die immer mehr zunehmende Verstockung des Volkes bedenkt, fürwahr

---

[251]   Reinhard Dobert, *Zeugnis für Zion* (Erlangen: Verlag der Ev.-Luth. Mission, 1971), S. 93.

[252]   Dr. Delitzschs erste Missionsrede in SaH 32, 1985 S. 180-190., zitiert nach Siegfried Wagner, *Franz Delitzsch, Leben und Werk* (Gießen: Brunnen Verlag, 1991), S. 152.

[253]   Heinz David Leuner, zitiert aus Ulrich Laepple, *Den Juden die Kirche, der Kirche die Juden erklären!*, Theologische Beiträge, 07. 4/5. Theologischer Verlag Rolf Brockhaus, S. 229.

ein Geheimnis, aber verbürgt durch das prophetisch-apostolische Wort, dessen gänzliche Erfüllung herbeieilt."[254]

Der Missionstätigkeit Delitzschs ist die Gründung des „Evangelisch-
lutherischen Zentralvereins für Mission unter Israel" 1870 zu verdanken. Die
entscheidenden Impulse zur Gründung des Zentralvereins gingen von Delitzschs Vortrag auf der Berliner Konferenz für Judenmission aus. Er teilte
den Zuhörern seine Besorgnis mit, dass es in der Kirche „wenig Interesse
und kaum Verständnis für das Volk Israel und seine Religion gebe."[255] Herausgefordert von der Aufklärung und Emanzipation im modernen Judentum
auf der einen Seite, aber auch vom wachsenden Antisemitismus auf der anderen Seite sah Franz Delitzsch einen Mangel auf dem Gebiet der Wissenschaft
und Literatur, aber auch das völlige „… Fehlen von Missionaren, die das
offensive Gespräch mit Juden nicht scheuten."[256] Im Laufe der folgenden
Jahre schlossen sich andere Institutionen dem „Zentralverein" an. Dadurch
wurde er zu einem umfangreichen Missionswerk, das seine missionarische
Tätigkeit stark ausbreiten konnte. Mit Hilfe seines eifrigsten und aktivsten
Schülers Wilhelm Faber gelang es Delitzsch, an den verschiedenen Universitäten studentische Vereine zu gründen, die sich „Institutum Judaicum" nann-
ten. Diese studentischen „Instituta Judaica" prägten Theologiestudenten in
Erlangen, Halle, Breslau, Berlin, Rostock, Bonn, Uppsala, Genf, Kopenha-
gen und sogar an den Colleges der Methodistenkirche in Galena (Illinois,
Nordamerika).

Trotz des großen Arbeitsaufwands Delitzschs in seiner Lehr- und Literaturtä-
tigkeit erwachte in Leipzig wieder seine Leidenschaft und Liebe zur Judenmission. Im Jahr 1886 gründete Delitzsch mit der Unterstützung einiger
Leipziger Pfarrer eine Ausbildungsstätte zur Zurüstung von Judenmissionaren, das Seminar des Institutum Judaicum. Das Ziel war, durch die Einfüh-
rung in die praktische Missionsarbeit, sowie das gründliche Studium des
Judentums, der jüdischen Geschichte und Lehre, der jüdischen Kultur und
Sitten die „Judenmission auf theologisch-wissenschaftlicher Basis in der

---

[254] Martin Wittenberg, *Franz Delitzsch: Vier Aufsätze über ihn und Auszüge aus
seinen Werken*, Handreichung des Evangeliumsdienstes unter Israel durch ev.-
luth. Kirche, Folge 7, 1963, Auszüge aus Delitzschs Gedankengut, aus „Wissenschaft, Kunst, Judentum" 1938, S. 144.

[255] Heinz Hermann Völker, *Franz Delitzsch als Förderer der Wissenschaft vom
Judentum*, in Judaica, Beiträge zum Verständnis des jüdischen Schicksals in
Vergangenheit und Gegenwart, Stiftung für Kirche und Judentum, Basel, 1994,
S. 91.

[256] Ebd., S. 91

ganzen Welt zu fördern."[257] Damit schuf Delitzsch die Grundlage für das wissenschaftliche Fachgebiet, das später die „Wissenschaft vom Judentum" genannt wurde. Seine am Institut ausgeführten Studien und Forschungen fanden die Anerkennung sowohl christlicher als auch jüdischer Gelehrter aus der ganzen Welt. Zwei große jüdische Gelehrte, der jesusgläubige ehemalige Rabbiner Jehiel Lichtenstein und der litauische Talmudist Israel Kahan waren bei der Gründung beteiligt und erteilten Unterricht.

Beachtlich war die unerschütterliche Liebe Delitzschs zum jüdischen Volk. Als Christ und Theologe setzte er sich mit dem säkularen Judentum seiner Zeit auseinander. Er war tief betrübt über den Zeitgeist und besonders über das falsche Bild von Jesus, das das Judentum seiner Zeit hatte. Als Apologet Jesu kämpfte er gegen Karikaturen seines Heilands in der jüdischen Presse. Diese antichristliche Haltung im Judentum hat jedoch sein tiefes Empfinden und seine Liebe zum Volk Israel nicht erschüttert. Bei aller Auseinandersetzung mit dem Judentum trat Delitzsch im Angesicht des aufkommenden militanten Antisemitismus auf die Seite der Juden. Somit bildete er einen Gegensatz zu seinem Vorbild Martin Luther, der dem Judenhass schließlich nicht ausgewichen war. Delitzsch bediente sich seiner tiefen Kenntnisse auf dem Gebiet der Judaistik, um beispielsweise dem Aberglauben vom Ritualmord an Kindern durch die Juden ganz entschieden entgegenzutreten.

Manche der Kritiker Delitzschs wollen in ihm einen Bewunderer des Judentums sehen. Aus seinen Schriften erkennen wir aber eher die Gestalt eines Streiters. So führt Siegfried Wagner aus: „Sein Streit gegen das Judentum ist getragen von der Liebe, die darauf brennt, das Volk Israel, das Volk des alten Bundes, seinem Messias Jesus Christus zuzuführen."[258]

5.3   Arnold Frank und seine Bedeutung für die Judenmission

Die Geschichte der Judenmission in Hamburg bekam einen wesentlichen Anstoß durch die Arbeit der Irisch-Presbyterianischen Mission. Durch ihre Arbeit bekehrte sich Arnold Frank, ein ehemaliger orthodoxer Jude aus Ungarn. Der Judenchrist begann seine Missionstätigkeit in Hamburg 1889 mit der monatlichen Herausgabe der Zeitschrift „Zions Freund", die in den besten Zeiten eine Auflage von 40.000 Exemplaren aufweisen konnte.[259] Arnold Frank war nicht nur ein Mann des Wortes, sondern auch der Tat. Im Jahr 1913 hat er das Diakoniewerk und Krankenhaus Jerusalem gegründet. Hier

---

[257] http://de.wikipedia.org/wiki/Franz_Delitzsch (04.04.2012).

[258] Siegfried Wagner, *Franz Delitzsch, Leben und Werk* (Gießen: Brunnen Verlag, 1991), S. 414.

[259] Vgl. Stephan Holthaus, *Judenmission im Pietismus*, S. 165.

sollten Pflegerinnen ausgebildet werden, die in jüdischen Familien eingesetzt wurden. Später wurde Frank zum Pastor der Jerusalemkirche in Hamburg und zunehmend zum Motor der messianischen Bewegung in Deutschland. Die Jerusalemkirche wurde 1924 zur Heimstätte der ersten deutschen judenchristlichen Konferenz, zu der Vertreter aus ganz Deutschland zusammenkamen. Nur vier Jahre später (1928) fand die zweite Internationale judenchristliche Konferenz in Hamburg statt. Aus 19 Ländern kamen 130 Gäste. Nach Frank war diese Zusammenkunft das größte Treffen von Judenchristen seit der Zeit der Apostel (!). Die Bedeutung von Arnold Frank für die Judenmission in Deutschland ist nicht zu unterschätzen. So schreibt Stephan Holthaus über Frank: „Er soll dort seit 1884 mehrere Hundert Juden getauft haben und kann daher als der ‚erfolgreichste' Judenmissionar im deutschsprachigen Raum gelten."[260] Dass diese Taufen aus religiöser Überzeugung geschehen waren, bezeugt folgende Feststellung, die de le Roi trifft: „einige der jungen Leute bereiteten sich für das Predigtamt vor, während andere in den Dienst der Mission getreten sind."[261]

5.4 Joseph Rabinowitsch – Wegbereiter des eigenständigen messianischen Judentums

Um die Wende zum 19. Jahrhundert kam immer mehr der Wunsch auf, dass Judenchristen sich zusammenschließen sollten, um eine größere Einheit zu bilden. Hier und da entstanden judenchristliche Gemeinden. Als Vater der judenchristlichen Gemeinden gilt Joseph Rabinowitsch, der in Kischinew in Bessarabien eine judenchristliche Gemeinde (die „Israeliten des neuen Bundes") gründete.

Joseph Rabinowitsch war ein jüdischer Gelehrter. Mitte der 1850-er Jahre bekam er ein Neues Testament von seinem Schwager. Dann ging er nach Palästina, wo er von den Zionisten enttäuscht wurde. Als Rabinowitsch am Ölberg saß und über das Schicksal der Juden nachdachte, fiel ihm ein neutestamentlichen Wort ein: „Wen der Sohn frei macht, der ist wirklich frei" (Joh 8,36). So beschreibt de le Roi dieses Erlebnis: „Da ging es ihm wie ein Licht durch die Seele, und er rief aus: Der Schlüssel des heiligen Landes liegt in den Händen unsers Bruders Jesus."[262] Seine Bekehrung war ein souveräner Akt des Heiligen Geistes.

---

[260] Ebd.

[261] J.F.A. de le Roi, *Die evangelische Christenheit und die Juden*, Bd. 2 (Karlsruhe und Leipzig: Verlag von H. Reuther, 1884), S. 348.

[262] Ebd. Bd. 2, S. 349.

Zu diesem Zeitpunkt wirkte in Bessarabien der lutherische Pastor Rudolf Faltin. Dank seiner missionarischen Aktivitäten haben viele Juden das Evangelium gehört. In den Begegnungen zwischen Rabinowitsch und Faltin kam es jedoch zu einer Auseinandersetzung, so Holthaus: „… über die Frage, ob die zum Glauben gekommenen Juden weiterhin ihre jüdische Identität behalten und sich in eigenen Gemeinden versammeln sollten, oder ob eine Integration in die lutherischen Gemeinden vorteilhafter sei."[263]

Diese Diskussion wurde zum Anlass für Rabinowitsch, eine der ersten judenchristlichen Gemeinden zu gründen. Damit ging die Vision Zinzendorfs, die „Erstlingsfrüchte" Israels zu sammeln, nach etwa 100 Jahren in Erfüllung.

Für viele Christen der Erweckungsbewegung des späten 19. Jh. wurde Rabinowitsch zu einer prophetischen Gestalt. Er sollte als ein hervorragendes Beispiel dienen, „das für eine anstehende Massenbekehrung der Juden Vorbild war."[264] Rabinowitschs Ansprachen hatten eine Anziehungskraft wie noch bei keinem Judenchristen vor ihm. So stellt de le Roi fest:

> Seine Sprache erinnert vielfach an die Propheten, alles in derselben ist überdem original, nichts gemacht. Geist und Gemüt fühlen sich gleichmäßig von ihm angezogen; er spricht in Tönen der Liebe und Freundlichkeit, die etwas Bezauberndes haben, dann aber auch wieder in höchstem Ernst, mit einer wunderbaren Kraft heiliger Ironie und mit treffendster Beweisführung. Er weiß die innersten Seiten des jüdischen Herzens und Geistes zu berühren, und Tausende haben von ihm den Eindruck empfangen, dass die allergewisseste Überzeugung aus ihm redet.[265]

Im Geiste der halleschen Judenmissionare Schulz und Lieberkühn, aber mit dem Vorteil seiner jüdischen Herkunft und Gelehrsamkeit, erreichte Rabinowitsch das, was bisher noch keiner wagte: Er predigte den Juden den jüdischen Jesus. De le Roi schreibt darüber: „Christus, der gewöhnlich den Juden in der ihnen fremden Gestalt des Christengottes gegenübersteht, wird hier zum seligsten und höchsten Eigentum Israels."[266] Damit wurde die Grundlage für ein neues Denkmuster gelegt, das 100 Jahre später zum mächtigen Werkzeug des messianischen Zeugnisses für das Volk Israel werden sollte.

---

[263]   Stephan Holthaus, *Judenmission im Pietismus*, S. 166.
[264]   Ebd.
[265]   J.F.A. de le Roi, *Die evangelische Christenheit und die Juden*, Bd. 2, S. 349.
[266]   Ebd., S. 349.

Joseph Rabinowitsch wollte seine jüdische Identität behalten und bewahren. Ihm ist es zu danken, dass jesusgläubige Juden anfingen, sich auf ihre jüdischen Wurzeln zu besinnen. Man kann sein Wirken als historischen Wendepunkt in der Geschichte der Judenmission bezeichnen. Joseph Rabinowitsch eröffnete eine neue theologische Perspektive der Judenmission, indem er den Glauben an den Messias Jesus zum Ziel der jüdischen Gerechtigkeit erklärte. Hierzu schreibt de le Roi: „Rabinowitsch hat den Seinen gezeigt, wie gerade der Jude alles in Christo zu seinem Ziele kommen sieht, was ihm heilig, groß und teuer ist."[267] Mit Recht kann man ihn als Wegbereiter der modernen messianischen Bewegung bezeichnen. Das bestätigt Holthaus: „Mit ihm begann ein eigenständiges, ‚messianisches Judentum'[268], in dem Jesus Christus die Mitte des jüdischen Glaubens sein sollte, ohne dass man die jüdische Identität preisgeben wollte."[269]

5.5 Judenmission im damaligen Palästina

Die Erweckungsbewegungen hatten eine Vision, die über die eigenen Grenzen hinaus ins damalige Palästina ging. Stefan Holthaus berichtet über die missionarischen Aktivitäten der Londoner Judenmission: „1824 gründete man in Jerusalem eine erste ärztliche Mission, kurze Zeit später ein Krankenhaus."[270] Man wollte die Moslems mit dem Evangelium erreichen und dabei begegnete man den ersten jüdischen Siedlern. Die Missionsbemühungen wurden von der Erwartung der baldigen Wiederkunft Jesu unterstützt. De le Roi berichtet auch von mehreren Taufen, unter anderem die des Rabbiners Lazarus Luria in der Zions-Gemeinde, die von Londoner Missionaren initiiert wurde.[271]

Stephan Holthaus nennt auch den wichtigen Einfluss des englisch-preußischen Bistums in Jerusalem. Infolge seiner Tätigkeit wirkten in Jerusalem die ersten Bischöfe jüdischer Herkunft seit der Apostelgeschichte, so wie Bischof Michael Salomon Alexander und sein Nachfolger Samuel Gobat, der eine der ältesten protestantischen Kirchen in Jerusalem, die „Christ Church"

---

[267] J.F.A. de le Roi, *Die evangelische Christenheit und die Juden*, Bd. 2, S. 350.

[268] Zum Begriff und Verständnis von „messianischem Judentum" bzw. „messianischen Juden" vgl. Andreas Hornung: *Messianische Juden zwischen Kirche und Volk Israel: Entwicklung und Begründung ihres Selbstverständnisses* (Gießen: Brunnen Verlag, 1995), Einleitung, XIV.

[269] Stephan Holthaus, *Judenmission im Pietismus*, S. 166.

[270] Ebd., S. 168.

[271] J.F.A. de le Roi, *Die evangelische Christenheit und die Juden*, Bd. 3, S. 181.

eingeweiht hatte.[272] Die „Christ Church" beheimatet heutzutage eine der ältesten messianischen Gemeinden in Jerusalem.

Man muss die Arbeit der Schweizerischen „Chrischona Mission" und ihren Gründer Christian Friedrich Spittler besonders erwähnen. Mehrere „Handwerksmissionare" aus der Schweiz und Deutschland widmeten sich der Missionsarbeit. Holthaus schreibt: „Die bekanntesten wurden Ferdinand Palmer und Konrad Schick, der 55 Jahre in Jerusalem als Bauherr und Forscher tätig war."[273]

Auch der Gründer des „Syrischen Weisenhauses", Johann Ludwig Schneller, ging in die Geschichte der Judenmission im damaligen Palästina ein. Seine Vision, eine Apostelstraße als 12 Missionszentren zwischen Jerusalem und Abessinien[274] zu gründen, konnte leider wegen struktureller und finanzieller Probleme nicht in die Tat umgesetzt werden.

Es gab auch mehrere andere christliche Initiativen im Heiligen Land, die missionarische und diakonische Projekte förderten. Unter vielen anderen waren es die Karmel-Mission und die Kaiserwerther Diakonissen, die besonders aktiv waren. Die letzteren haben solche wichtigen Einrichtungen wie eine Krankenanstalt und die Mädchenschule „Talitha Kumi" ins Leben gerufen. Dass diese Anstalten nicht nur ein diakonisches, sondern auch ein missionarisches Anliegen hatten, bezeugt Holthaus: „Bis 1900 sollen dort ca. 500 Mädchen unterrichtet worden sein, davon 21 Mädchen aus judenchristlichem Hintergrund und 19 Jüdinnen."[275]

Ohne auf der einen Seite große Missionserfolge zu verzeichnen, legte jedoch die Missionstätigkeit sowohl einzelner Missionare als auch der Missionsgesellschaften in Palästina auf der anderen Seite ein festes Fundament für die folgenden positiven Entwicklungen. Als Erstlingsfrucht dieser Arbeit entstand die erste judenchristliche Gemeinde im Heiligen Land seit der Zeit der Apostel. So schrieb de le Roi:

> Die Judenschaft des heutigen Palästina kann sich dem Eindrucke der Tatsache nicht entziehen, dass eine Gemeinde zu Christo bekehrter Volksgenossen in ihrer eigenen Heimat lebt, und sie rechnet damit, dass dieselbe mit ihr darum kämpft, welcher von beiden die Zukunft gehören soll.[276]

---

[272] Vgl. Stephan Holthaus, *Judenmission im Pietismus,* S. 168-169.

[273] Ebd., S. 169.

[274] Vgl. Andreas Baumann, *Die Apostelstrasse: Eine außergewöhnliche Vision und ihre Verwirklichung* (Gießen: Brunnen Verlag, 1999).

[275] Stephan Holthaus, *Judenmission im Pietismus*, S. 170.

[276] J.F.A. de le Roi, *Die evangelische Christenheit und die Juden*, Bd. 3, S. 202.

Zum Schluss seiner Ausführungen über die Missionsarbeit in Palästina macht de le Roi eine aufschlussreiche Bemerkung: „Das Werk in Jerusalem und Palästina ist trotz aller Fehler im Einzelnen doch ein mit Eifer, Ausdauer und Umsicht geleitetes zu nennen; glücklicherweise hat es sich auch von aller chiliastischen Schwärmerei frei gehalten."[277]

5.6 Zusammenfassung

Betrachtet man die Methode der Judenmission in den Erweckungsbewegungen im 19. Jh. kann man fünf Schwerpunkte feststellen:

1. Die Verbreitung evangelistischer Traktate und Schriften in hebräischer Sprache.

2. Die Betreuung der bekehrungswilligen Juden.

3. Die Hilfestellung für spezielle Gottesdienste für schon bekehrte Juden, sowie ihre Durchführung.

4. Die Anstellung von Missionaren unter Juden.

5. Die Einrichtung von Proselytenanstalten und die finanzielle Versorgung der Konvertiten.[278]

Sowohl der frühe Pietismus als auch die Erweckungsbewegungen hatten in ihrem theologischen Verständnis der Judenmission eines gemeinsam, was sie grundsätzlich von den Reformatoren und der römischen Kirche unterschied, – sie stellten sich entschieden gegen die Substitutionslehre[279] und räumten Israel eine wichtige Rolle in der Endzeit ein.[280]

Die Missionsgesellschaften, insbesondere deutschen Ursprungs, legten großen Wert auf eine gründliche Ausbildung ihrer Missionare. Dank der Institute in Berlin und Leipzig konnten die Missionare altjüdische Schriften lesen, sowie jüdische Kultur und Gebräuche studieren.[281]

Die evangelistische Arbeit unter Juden blühte im 19. Jh. wirklich auf. Viele Juden kamen zum Glauben an Jesus, den Messias. Judenchristliche Vereine

---

[277] Ebd.

[278] Vgl. Stephan Holthaus, *Judenmission im Pietismus*, S. 162-174.

[279] Anm. des Autors: Die Substitutionslehre oder Enterbungstheologie hat zum Inhalt, dass Israel als Volk Gottes keine Zukunft mehr habe, weil die Kirche als das „geistliche" Israel das „alte" Israel ersetzt habe und die Verheißungen und Berufungen Israels auf die Kirche übergegangen seien.

[280] Stephan Holthaus, *Judenmission im Pietismus*, S. 173.

[281] A.a.O., S. 174.

entstanden. Sie bekämpften den aufkommenden Antisemitismus und wiesen darauf hin, dass der christliche Glaube ohne jüdische Wurzel nicht zu denken sei. Doch selbst solche Gestalten wie Gustav Dalman, der als Professor für Altes Testament und Judaistik in Leipzig wirkte und ein Befürworter der Judenmission war, waren vom latenten Antisemitismus nicht frei. Obwohl Dalman Judenmission als ein Werk der Kirche verstand, war seine Motivation nicht nur Heil für die Juden, sondern auch eine Verteidigung der Kirche vor den Juden! So stellt Julia Männchen fest:

> Judenmission ist jetzt aus Dalmans Sicht in erster Linie notwendig um der Rettung und Erhaltung des Christentums, nicht um der Rettung der Juden willen und unterscheidet sich von der antisemitischen Bewegung in kaum mehr als der Wahl der Mittel.[282]

Die Judenmission im 19. Jh. erlebte ihre Höhen und Tiefen. Ein Grund für mangelnden Erfolg war die in der Judenmission fehlende Verbindung zwischen Missionsgesellschaften und der Kirche. So bemerkt Stephan Holthaus: „Die Mission arbeitete unabhängig von der Staatskirche, was mitunter zu Misstrauen und Anfeindungen von Seiten der Kirchenleitung führte."[283] Damit ist eine wichtige Warnung angesprochen, die für die grundlegenden Prinzipien der Mission und insbesondere für die Judenmission von Bedeutung war und ist. Was nicht „die Sache" der Kirche wird, wird von der Kirche immer misstrauisch beäugt. Es ist ausschlaggebend für die moderne Judenmission, dass sie Unterstützung in der Kirche gewinnt und dass Evangelisation unter Juden nicht ein Randthema, sondern zu den obersten Prioritäten für Christen gehört.

---

[282] Julia Männchen, *Gustav Dalmans Leben und Wirken in der Brüdergemeinde, für die Judenmission und an der Universität Leipzig*, 1855-1902, Abhandlungen des Deutschen Palästina Vereins, 1987, In Judaica, Beiträge zum Verständnis des jüdischen Schicksals in Vergangenheit und Gegenwart, Bd. 48, Stiftung für Kirche und Judentum (Wiesbaden: Otto Harrassowitz, 1992), S. 79.

[283] Stephan Holthaus, *Judenmission im Pietismus*, S. 162.

6 Die Entwicklung der modernen Judenmission

6.1 Judenmission nach dem Holocaust

Die Jahrhundertwende war durch große politische Ereignisse gekennzeichnet, die die Entwicklung der Judenmission essenziell beeinflusst und verändert haben. Der Erste Weltkrieg löste eine Welle des Antisemitismus aus. Die jüdische „Antwort" darauf war die zionistische Bewegung, durch die Zehntausende Juden ins damalige Palästina strömten.

Der Zweite Weltkrieg brachte die evangelistische Arbeit unter Juden in Deutschland zum Stillstand. Die evangelische Kirche in Deutschland wurde zu einer nationalsozialistisch geprägten „Reichskirche" umgebaut. Die Pfarrer jüdischer Herkunft bekamen Kanzelverbot und Judenchristen wurden vom Regime mehr und mehr als „Untermenschen" deklariert und disqualifiziert. Manche Landeskirchen übernahmen den Arierparagraphen. Martin Jung schreibt Folgendes dazu:

> „Schon 1933 verloren einige judenchristliche Pfarrer ihre Ämter. In Landeskirchen, die formell keinen Arierparagrafen in ihre Ordnung aufgenommen hatten, wurden judenchristliche Pfarrer ebenfalls im Laufe der Jahre verdrängt. 1939 schlossen deutsch-christlich regierte Landeskirchen – Anhalt, Thüringen, Mecklenburg, Sachsen, Lübeck – die Judenchristen förmlich aus."[284]

Die im Mai 1934 gegründete Bekennende Kirche unterstützte die betroffenen Judenchristen materiell und moralisch.[285] Es ist berechtigt, von einem Versagen der evangelischen Kirche im Dritten Reich in ihrem Verhältnis zu den Juden zu sprechen. Trotzdem darf der mutige Einsatz Einzelner nicht unerwähnt bleiben. Einer von ihnen war Dietrich Bonhoeffer. Sein kompromissloses Eintreten für die Juden ist eine von wenigen Ausnahmen innerhalb der Bekennenden Kirche geblieben. Martin Jung zitiert in diesem Zusammenhang Karl Barth: „Wenn die deutsche evangelische Kirche die Judenchristen ausschließen oder als Christen zweiter Klasse behandeln würde, würde sie aufgehört haben, christliche Kirche zu sein."[286] Diese Aussage stammt aus dem Jahr 1933. Trotzdem gab es in der 1934 veröffentlichten Barmer Theologischen Erklärung (BTE), einem Grundlagendokument der Bekennenden Kirche, als dessen Verfasser Barth, wie auch Niemöller und Bonhoeffer gel-

---

[284] Martin Jung, *Christen und Juden*, S. 268.

[285] Vgl. Wilfried Bullinger & Wolf Klaiber: *Juden und Christen,* S. 87.

[286] Martin Jung, *Christen und Juden*, S. 219.

ten, keine Erwähnung der Not von Judenchristen. Dazu ein Kommentar von Robert Brandau: „Am Schicksal der Juden ging die Barmer Synode vorüber. Karl Barth hat dieses Versäumnis 1967 als Schuld bekannt. Weder zum Antisemitismus noch zur Judenmission äußerte sich die BTE."[287]

Es wäre falsch zu behaupten, dass alle Christen und kirchlichen Einrichtungen in Deutschland judenfeindlich blieben oder sich neutral verhielten. Martin Jung bringt mehrere Beispiele von einem stummen bis offenen Protest der Christen gegen Judenverfolgung und -vernichtung. Viele Pfarrer haben Juden versteckt und ihnen zur Flucht verholfen. Es ist bedeutend, dass gerade die judenmissionarischen Organisationen aktive Hilfe leisteten. So Jung: „In Ungarn und Rumänien wurden verfolgte Juden von Mitarbeitern der Norwegischen Israelmission gerettet."[288] Dem folgt auch Baumann, der ein positives Urteil über judenmissionarische Organisationen abgibt: „Sie gehörten zu den wenigen, die in den Zeiten des wachsenden Antisemitismus ihre Stimme für die Juden erhoben und auch noch in der Verfolgung halfen."[289]

Die hoffnungsvolle Judenmission, die sich zunächst im Pietismus und später in der Erweckungsbewegung entfaltet hatte, wurde während der Nazidiktatur immer weiter eingeschränkt. Mit der systematischen Ausrottung des jüdischen Volkes war jegliches jüdisches und judenchristliches Leben in Europa zerstört. Ein Neuanfang nach 1945 war schwer. Von den Juden, die den Holocaust überlebt hatten, verließen viele ihre Heimat, um in den USA oder ab 1948 auch in Israel eine neue Heimat zu finden. In Deutschland lebten nur noch 15.000 Juden, während um die Wende zum 20. Jh. ca. 560.000 Juden in Deutschland gelebt hatten.[290]

Und trotzdem bewegte der Geist Gottes einzelne Christen, die ein Herz für die Judenmission hatten. So liest man das atemberaubende Zeugnis von Wilhelm Grillenberg, der während eines Vortrags von Prof. D. Rengstorf über die Bedeutung der Juden in der Welt seine Berufung zur Judenmission bekam. Er schreibt von über 500 jüdischen Familien in Bayern, die er zusammen mit Schwester Erna Unger vom Missionsdienst „Die Welt für Christus"

---

[287]   Robert Brandau, *Innerbiblischer Dialog und dialogische Mission: Die Judenmission als theologisches Problem* (Neukirchen-Vluyn: Neukirchener Verlag, 2006), S. 55.

[288]   A.a.O., S. 227.

[289]   Arnulf H. Baumann, *Judenmission: Christliches Zeugnis unter Juden*, Judaica, Beiträge zum Verständnis des jüdischen Schicksals in Vergangenheit und Gegenwart, Bd. 38 (Basel: Stiftung für Kirche und Judentum, 1982), S. 10.

[290]   Tim Vasko, „Christliches Zeugnis unter Juden in Europa 3. Teil." In: *Fundament. Zeitschrift der Freien Evangelisch-Theologischen Akademie Basel* 3/86, S. 29-32.

im Jahre 1948 betreut hat.[291] Das Ergebnis seines neunjährigen Dienstes beim Zentralverein waren viele Juden, die das christliche Zeugnis hörten und einige, die sich für den Glauben entschieden.

6.1.1 Glaubwürdigkeit des christlichen Zeugnisses nach dem Holocaust

Die Glaubwürdigkeit des christlichen Zeugnisses den Juden gegenüber wurde nach dem Holocaust in Frage gestellt. Die jüdische Meinung dazu war eindeutig: „Nach der Schoa, sollte man meinen, sei Juden-Mission ein für allemal vom Tisch."[292] Das Zitat eines anderen holocaustüberlebenden jüdischen Theologen sagt viel darüber aus, wie Juden auf das christliche Zeugnis reagierten:

> Manchmal empfinde ich es geradezu als eine Blasphemie, wenn gewisse Christen sich auf unsern Juden Jesus berufen: Er stand in Auschwitz auf der Seite der Juden, als die getauften Christen Juden für den Tod selektiert haben. Er wurde mit ihnen selektiert![293]

Seit 1945 ist zwar die judenmissionarische Arbeit wieder neu belebt worden, allerdings unter, wie sich bald herausstellte, zum Teil veränderten theologischen Voraussetzungen.[294] Die theologischen Voraussetzungen der Judenmission haben sich im Laufe der 60-er Jahre in einem langsamen Prozess verändert. Obwohl die Vollversammlung des ÖRK 1948 in Amsterdam „die Mission unter den Juden als normales Stück der Arbeit in der Pfarrgemeinde"[295] angesehen hat, empfahl sie doch „ernste Erwägung und geeignetes Vorgehen."[296]

---

[291] Wilhelm Grillenberg, „Die Missionsarbeit des Zentralvereins in München 1948-1956". In: *Zeugnis für Zion* (Erlangen: Verlag der Ev.-Luth. Mission, 1971), S. 105.

[292] Pinchas Lapide, *Ist der Kirche die Judenmission eingestiftet?* In: Juden und Christen – Juden und Deutsche, Dokumentation einer Tagung der evangelischen Akademie Loccum vom 01.-03.11.1993, S. 16.

[293] Ernst Ludwig Ehrlich, *Abschied von der Judenmission: Antwort auf Arnulf Baumann*, Judaica, Beiträge zum Verständnis des jüdischen Schicksals in Vergangenheit und Gegenwart, Bd. 38 (Basel: Stiftung für Kirche und Judentum, 1982), S. 18.

[294] „Unter neuen theologischen Perspektiven" wie Paul Gerhard Aring es in seinem Artikel über Judenmission in der TRE feststellte, S. 330.

[295] Der Wortlaut des Berichts des Komitees für das Verhalten gegenüber den Juden ist abgedruckt in *TRE* 98-6, S. 325-327.

[296] Ebd.

Im Angesicht des Holocaust und im Prozess der Aufarbeitung der Schuldfrage der Kirche stellten viele christliche Theologen, die sich im christlich-jüdischen Dialog engagierten, die Substanz des christlichen Zeugnisses in Frage. So meint Aring, dass „… die tiefste Ursache für den jahrhundertelangen Terror gegen die Juden, unter dem sie im ‚christlichen Abendlande' zu leiden hatten, im christlichen Bekenntnis zu Jesus Christus liegen könnte?"[297]

Das Ausmaß der Verbrechen an den Juden trieb christliche Theologen dazu, sich mit dem „Problem des Triumphalismus und der Überheblichkeit, die die Christenheit den Juden gegenüber geprägt hatte"[298] auseinanderzusetzen. Das Ergebnis einer solchen Auseinandersetzung fiel leider in den meisten Fällen sehr undifferenziert aus, man hat sozusagen „Das Kind mit dem Badewasser ausgeschüttet". Der Heidelberger Alttestamentler Rolf Rendtorff fragte unmissverständlich: „Ist Auschwitz ein theologisches Argument, oder bleibt unsere Theologie davon unberührt?"[299] Der Begriff und die Inhalte der Judenmission wurden pauschal mit dem kirchlichen Antijudaismus und mit Assimilationsbestrebungen gleichgestellt. Um die theologische Relevanz des Holocaust zu unterstreichen und die Judenmission einer Revision zu unterziehen, plädierte Rendtorff allerdings dafür, nicht „das schlechte Gewissen an die Stelle sauberer Theologie"[300] zu setzen. Die Frage ist und bleibt: Führt das theologische Aufarbeiten des Holocaust unbedingt zu einer Revision der Judenmission? Robert Lau, Prediger im Hannoverschen Gemeinschaftsverband gibt dazu folgenden Kommentar: „Eine ‚Theologie nach Auschwitz' wollte verständlicherweise das Ärgernis der Judenmission ausräumen und so die Empfindungen der jüdischen Gesprächspartner achten."[301]

Trotz des totalen Versagens der Kirche im Dritten Reich gab es unter christlichen Theologen solche, die die Notwendigkeit eines organisierten christlichen Zeugnisses gegenüber Israel bzw. dem jüdischen Volk sahen. So argumentiert Arnulf Baumann:

---

[297] Paul Gerhard Aring, *„Juden und Christen heute – und die Judenmission?"*, Evangelikale Missiologie, Zeitschrift 1987, S. 4.

[298] Arnulf H. Baumann, *„Judenmission: Christliches Zeugnis unter Juden"*, Judaica, Beiträge zum Verständnis des jüdischen Schicksals in Vergangenheit und Gegenwart, Bd. 38 (Basel: Stiftung für Kirche und Judentum, 1982), S. 6.

[299] Rolf Rendtorff, *Streit um die Judenmission*, Evangelische Kommentare, Monatszeitschrift, 1980, S. 717.

[300] A.a.O.

[301] Robert Lau, Messianische Juden als „natürliche Zweige" am Ölbaum Israel und das Selbstverständnis der Kirche, Akzente für Theologie und Dienst, 106 Jahrgang, 2011,1, S. 4.

Bedarf es dazu einer Organisation? Unbedingt ja! Solange die selbstverständliche Solidarität mit dem jüdischen Volk nicht Allgemeingut der Kirchen ist, solange um Kenntnis und Verständnis des Judentums in der Christenheit geworben werden muss, solange die brüderliche Gemeinschaft mit Judenchristen nicht eine Sache der gesamten Kirche ist, – solange bedarf es des Zusammenschlusses derjenigen, die sich dazu besonders verpflichtet fühlen.[302]

6.1.2   Unsicherheit der Kirche – ein Impuls zur Judenmission?

Manche christliche Theologen versuchten in der Nachkriegszeit die unlauteren Motive der Judenmission zu kritisieren. So stellt der langjährige Vorsitzende der Studienkommission Kirche und Judentum der EKD, Rolf Rendtorff, in seinem Artikel „Judenmission nach Auschwitz" die These auf: Wenn die Kirche das Judentum als selbstständige, nicht defizitäre Religion anerkenne, stehe sie in der Gefahr des Verlustes der eigenen Identität. Aus diesem Grund betreibe die Kirche eine organisierte Judenmission, um dieses Defizit auszugleichen. Außerdem übersehe die Kirche, so Rendtorff, die Kontinuität zwischen dem alten Bundesvolk und dem heutigen Judentum. Als Bestätigung für seine These bringt der Autor das folgende Zitat aus der Erklärung der Konsultation von Lügumkloster:

Die Kirche kann das Wort Israel theologisch nur in dem Sinne gebrauchen, wie es in den Schriften des Alten und Neuen Testamentes erscheint: zunächst als Ausdruck der göttlichen souveränen Gnade gegenüber Abraham und seinen Nachkommen, dem Alten Bundesvolk; dann aber als Ausdruck des neuen Bundes aus Juden und Heiden, worin durch die Erlösung in Jesus Christus die Heiden Miterben der Verheißung werden.[303]

Dabei ist sich Rendtorff nicht bewusst, dass das Zitat bestätigt, dass der Neue Bund Juden und Heiden einschließt und damit der Ersatztheologie widerspricht, die behauptet, dass die heidenchristliche Kirche Israel bzw. die Juden ersetzt hat. Zum anderen bestätigt es die Identität der Juden im Neuen Bund. Mit anderen Worten, die Juden, die in Christus erlöst sind, bleiben immer noch Juden und verlieren ihre jüdische Identität nicht. Und zum dritten be-

---

[302]   A.a.O., S. 12.

[303]   Konsultation „Die Kirche und das jüdische Volk" des Lutherischen Weltbundes in Lügumkloster 1964. In: Lutherische Rundschau 14 (1964), S. 339, zitiert aus Rolf Rendtorff, Judenmission nach Auschwitz in: *Auschwitz als Herausforderung für Juden und Christen* (Heidelberg: Verlag Lambert Schneider GmbH, 1980), S. 545.

zeichnet es Heiden als Mit-Erben, d.h. die Heiden sind zu den natürlichen Zweigen hinzugefügt worden.

Allerdings wird die These, die Judenmission habe mit dem Mangel an christlicher Identität und daher mit der Unsicherheit der Kirche zu tun, von der jüdischen Seite unterstützt. So schreibt Ernst Ludwig Ehrlich:

> Man sollte sich darüber im Klaren sein, warum die Judenmission für nicht wenige Christen lange Zeit eine Notwendigkeit gewesen ist: Judentum wurde als Bedrohung empfunden, und es besitzt auch heute noch die gleiche numinose Gefahr für viele Christen wie einst für die nur scheinbar triumphierende Kirche des 4. Jahrhunderts.[304]

6.1.3   Ein Versuch, den Holocaust theologisch zu erfassen

Sowohl jüdische als auch christliche Gelehrte versuchten nach dem Kriegsende, dem Geschehen des Holocaust eine theologische Interpretation zu geben. Dieses Suchen führte zur Entstehung einer so genannten Holocaust-Theologie.[305]

Die Deutungen waren sehr unterschiedlich. Die Mehrzahl der das Thema behandelnden Gelehrten wiesen darauf hin, dass der Holocaust den „moralischen Bankrott der christlichen Zivilisation und den geistigen Bankrott der christlichen Religion" bedeutete.[306] Allerdings gab es unter den Theologen auch andere Stimmen. Z.B. gibt Emil L. Fackenheim, ein aus Deutschland stammender Reformrabbiner, in Toronto keine theologische Erklärung, sondern behauptet, dass der Holocaust eine Botschaft an Christen und Juden sende. Diese Botschaft beinhalte unter anderem die Aufforderung, einen Heilungsprozess zu beginnen, für den er den hebräischen Begriff, *Tikkun*

---

[304]   Ernst Ludwig Ehrlich, *Abschied von der Judenmission: Antwort auf Arnulf Baumann*, Judaica, Beiträge zum Verständnis des jüdischen Schicksals in Vergangenheit und Gegenwart, Bd. 38 (Basel: Stiftung für Kirche und Judentum, 1982), S. 19-20.

[305]   Der Begriff Holocaust-Theologie bezieht sich auf einen Komplex der theologischen und philosophischen Debatte und Analyse, der sich angesichts der historischen Erfahrung des Holocaust, bei dem sechs Millionen Juden einem Völkermord zum Opfer fielen, mit der Rolle Gottes und des Bösen in der Welt auseinandersetzt. Die „Holocaust-Theologie" wird auch als „Theologie nach Auschwitz" bezeichnet, wegen der häufigen Verwendung des Namens „Auschwitz" als Inbegriff des Holocausts, http://de.wikipedia.org/wiki/Holocaust-Theologie (05.03.2012).

[306]   Martin Jung, *Christen und Juden*, S. 231.

verwendete."[307] Man könnte den Gedanken Fackenheims als für seine Zeit revolutionär und prophetisch bezeichnen. Ohne an Jesus als Messias zu glauben und die Judenmission zu unterstützen, stellte er eine These auf, die einen Paradigmenwechsel in der Theologie der Judenmission bewirken könnte. Die langjährige Erfahrung bestätigt, dass ein Heilungsprozess zwischen Juden und Christen ohne Einbeziehung der jesusgläubigen Juden nicht möglich ist. In seiner Weisheit hat Gott die messianischen Juden als Bindeglied zwischen beiden vorgesehen. Die eigentliche Wiederherstellung (*Tikkun*) der Beziehungen zwischen Juden und Christen bzw. zwischen Israel und den Völkern kann nur damit beginnen, dass das seit Jahrhunderten fehlende Glied, die „Gemeinde aus der Beschneidung", seinen rechtmäßigen Platz im Leib Jesu einnimmt. Dieser Prozess ist aber ohne ein aktives messianisches Zeugnis unmöglich. Dieser Schlussfolgerung waren die Theologen der Nachkriegszeit noch nicht gewachsen. Die Neuorientierung der christlichen Theologie geschah zwar mit einer Neubewertung Israels, lehnte aber die Judenmission ab. So erwähnt Jung als Beispiel der Neuausrichtung der christlichen Theologie die Israeltheologie Karl Barths und schreibt: „Ganz kategorisch erklärt Barth, dass die Kirche Israel gegenüber nicht den Auftrag der Mission, des Zutragens des Evangeliums habe, weil es sich bei Israel nicht um ein beliebiges Volk, nicht um eine beliebige Religion handle."[308] Barth erkennt zwar die Bedeutung der messianischen Juden, lehnt aber die Judenmission ab. Logischerweise sollte man fragen: Wie werden die Juden „messianisch", wenn es niemand gibt, der ihnen ihren Messias bezeugt?

Allerdings saß der Schock des Dritten Reiches tief. Nur langsam konnte das Gespräch mit den Juden wieder aufgenommen werden. In diesem Gespräch verstummte immer mehr das Zeugnis des Evangeliums. Dialog und Mission wurden als Gegensatz empfunden. Dialog sollte die Begegnung mit Menschen anderer Religionen zum Ziel haben, den Austausch der jeweiligen Glaubenserfahrungen, die Suche nach Gemeinsamkeiten und die gegenseitige Achtung dessen, was die Religionen voneinander trennt.[309] An einem Fallbeispiel fasst Martin Jung sehr präzise zusammen, was seiner Meinung nach Christen und Juden in der damaligen Zeit in einem Dialog erreichen konnten: „Die problemlose, freundschaftliche, von Missionsgedanken freie Zusammenarbeit von Protestanten, Katholiken und Juden in Frankreich war ein Vorbild für ganz Europa."[310] Mission aber, die davon ausgeht, dem ande-

---

[307] A.a.O.

[308] A.a.O., S. 257.

[309] Peter Beyerhaus, „Dialog" in ELThG, Bd. 1 (Wuppertal: Helmut und Uwe Swarat, 1998), S. 437-438.

[310] Martin Jung, *Christen und Juden*, S. 231.

ren im Auftrag Gottes den Weg zum Heil in Jesus Christus zu weisen, wurde immer mehr als Hochmut abgelehnt. Evangelisation unter Juden wurde zu einem Tabuthema.

Von diesem Wandel im Verständnis von Mission unter den Juden zeugen auch die Namensänderungen von früheren Judenmissionsvereinigungen in den späteren 70-er Jahren. So wurde der Generalversammlung des Evangelisch-Lutherischen Zentralvereins für Mission unter Israel bei dessen 100-jährigem Jubiläum 1971 der Vorschlag unterbreitet, den Verein in „Evangelisch-Lutherischen Zentralverein für Kirche und Judentum" umzubenennen.[311] Die Diskussion dauerte im Zentralverein bis 1985 an, in diesem Jahr erfolgte dann die Namensänderung wie vorgeschlagen.

Im Gegensatz dazu stand der Zweigverein des Zentralvereins, der „Evangeliumsdienst unter Israel in Bayern", zu seiner anfänglichen Vision und beschäftigte den Judenchristen Martin Levi Bass von 1964 bis zu seinem Tod 1971 als Missionar. Bass' Wirksamkeit in Deutschland hatte zwei Schwerpunkte, die Vortragsarbeit in christlichen Gemeinden, um Vorurteile und Hass abzubauen und Verständnis für die Juden zu wecken und die Verkündigung des Evangeliums unter Juden. Vasko sagt über Bass, dass ihm die Verkündigung des Evangeliums unter Juden sehr wichtig war. [312]

6.1.4   „Nein" zur Judenmission!?

Die vielen Diskussionen und Publikationen über die Judenmission von 1945 bis in die Gegenwart sind von grundlegenden Meinungsunterschieden geprägt. Paul Aring fragt im Blick auf die Berechtigung der Judenmission sehr deutlich: „Starb die Judenmission wirklich?"[313] Mit einem Bedauern stellt er fest, dass die Theologie der Judenmission in Deutschland in der Nachkriegszeit wieder aufgenommen wurde, ohne dass ihre Methodik und Motive überdacht worden seien. Selbst durch die Geschehnisse des Dritten Reiches, meint Aring, habe sich die Missionspraxis nicht geändert. Als einen von mehreren Belegen dafür zitiert Aring R. Brunner: „Was immer geschehen sein mag, das Verhältnis zwischen Christen und Juden bleibt grundsätzlich nach wie vor durch den Missionsbefehl Jesu Christi und durch die dem jüdischen Volke gegebenen und in Jesus Christus bestätigten Verheißungen be-

---

[311] Reinhard Dobert, „Judenmission in der lutherischen Kirche", in *Zeugnis für Zion* (Erlangen: Verlag der Ev.-Luth. Mission, 1971), S. 119.

[312] Tim Vasko, „Christliches Zeugnis unter Juden in Europa 3. Teil," in *Fundamentum: Zeitschrift der Freien Evangelisch-Theologischen Akademie Basel* 3/86, S. 34.

[313] Paul Gerhard Aring, *Christliche Judenmission* (Neukirchen-Vluyn: Neukirchener Verlag, 1980), S. 227.

stimmt."[314] Obwohl Aring kein Befürworter der Judenmission ist, kommt er zum Schluss seiner Ausführungen über Judenmission zu einem stringenten Urteil: „Die christliche Kirche steht und fällt mit ihrer Proklamation des ‚Jesus Christus Kyrios'. Auf dieser Basis kann sie redlicherweise kein Nein zur Judenmission aussprechen."[315]

In dem im Jahr 1978 veröffentlichten Ausschussprotokoll der Rheinischen Landessynode hat das kirchenleitende Gremium sich, wenn auch nicht ausdrücklich, von der Judenmission distanziert: „Die bleibende Berufung Israels verbietet es der Kirche, ihr Zeugnis ihm gegenüber in derselben Weise wie ihre Sendung (Mission) zu allen anderen Völkern zu verstehen."[316] In welcher Weise das Zeugnis zu verstehen wäre, hat man hier nicht klar definieren können. Aring seinerseits argumentiert gegen solchen Beschlüsse, indem er behauptet, dass das „Nein zur Judenmission" keine Lösung für den Dialog zwischen Juden und Christen bringe. Er verweist darauf, dass die Juden ein Recht auf das christliche Zeugnis haben. Dieses Zeugnis kann aber nichts anderes als das Christusbekenntnis beinhalten, was wiederum entweder zu einer direkten oder indirekten Mission führt. So ist nach Aring „ein christliches Nein zur Judenmission ein Nein zum Christusbekenntnis."[317] Seinen Gedanken führt er folgendermaßen fort: „Die Frage nach dem Glauben an Jesus als den Christus bleibt die entscheidende Frage in diesem Gespräch."[318] Ihm folgt auch Rendtorff: „Christliche Judenmission könnte in Zukunft bedeuten, den jüdischen Bundespartner auf diesen Jesus hinzuweisen mit der Bitte, gemeinsam in solcher Bundespartnerschaft nach den Voraussetzungen seines Sterbens zu fragen."[319] Allerdings setzt Rendtorff für die zukünftige Aufgabe der Christen in Bezug auf Israel folgende Prioritäten: „Für uns Christen geht es dabei um die doppelte Aufgabe, das ‚Jüdische am Christentum' besser verstehen zu lernen und als die Jüngeren den Weg der Älteren kennen zu lernen und zu respektieren."[320] Dieser Satz zeigt, wie Rendtorff als ein Vertreter des Dialogs zwischen Juden und Christen einen Weg sucht und die Missionstätigkeit unter Juden zurückstellt.

---

[314] R. Brunner, *Judenmission nach dem 2. Weltkrieg?*, in Judaica 1946, S. 303ff.

[315] Paul Gerhard Aring, *Christliche Judenmission,* S. 259.

[316] Ausschussprotokoll der Rheinischen Landessynode vom 13.02.1978, zitiert aus Paul Gerhard Aring, *Christliche Judenmission,* S. 258, Fußnote 759.

[317] Paul Gerhard Aring, *Christliche Judenmission,* S. 258.

[318] Paul Gerhard Aring, *Christliche Judenmission,* S. 264.

[319] A.a.O., S. 267.

[320] „Wir sind eure jüngeren Brüder", in Deutscher Koordinierungsrat 2002, http:// www.deutscherkoordinierungsrat. de/02_01.php?pNUM=4 (10.12.2010).

Der Beschluss der Rheinischen Synode „Zur Erneuerung des Verhältnisses von Christen und Juden" geht von der Frage aus: Ist Auschwitz ein theologisches Argument oder bleibt unsere Theologie davon unberührt?[321] Die Antworten auf diese Frage bestimmen die modernen Ansätze der Judenmission. Die Meinungen sehen ganz unterschiedlich aus. Die konservativen evangelikalen Kreise meinen, man dürfe nicht das schlechte Gewissen an die Stelle „sauberer" Theologie setzen. Das heißt, trotz allem Versagen müsse die Kirche die Juden weiter missionieren. Der oben erwähnte Synodalbeschluss macht einen Unterschied zwischen „Mission" und „Zeugnis". Dieses Zeugnis wird im Gegensatz zur aktiven Mission als „zeichenhafte Wirkung der Existenz der Kirche" verstanden. Mit anderen Worten, die bloße Existenz der christlichen Kirche sollte gegenüber den Juden ein „stummes Zeichen" für den christlichen Glauben werden.[322] Dabei bleiben der Inhalt und das Ziel dieses Zeugnisses immer noch rätselhaft. Die These erscheint mehr als fragwürdig, wenn man bedenkt: Das Zeugnis von Jesus dem Messias „... wird glaubwürdig oder unglaubwürdig am Verhalten derer, die ihn als solchen bekennen und verkündigen."[323]

Der „ungekündigte Bund" und die „bleibende Erwählung" Israels – das sind die Argumente der Gegner der Judenmission. Dabei wird meines Erachtens kaum definiert, um welchen Bund es geht. Wenn es um den Sinai-Bund geht – der wurde gemäß Jer 31 von Seiten Israels nicht eingehalten. Es ist wahr: Gott kündigt seinen Bund nicht, aber er bietet dem Volk Israel etwas viel Besseres: den Neuen Bund. An dieser Stelle müssen die christlichen Theologen, ob sie für oder gegen Judenmission sind, zugeben, dass Gott den Neuen Bund ausschließlich Israel und nicht der Kirche anbietet. Daher wird die Judenmission viel angemessener vom Neuen Bund her argumentieren, dessen bleibende Wirkung vom NT bezeugt wird. So verweist Arnulf Baumann darauf, dass die Anerkennung des jüdischen Neins zu Jesus so sehr die Gültigkeit des Sinai-Bundes betont, dass „... der in Jesus Christus erneuerte Bund in seiner Bedeutung undeutlich und fraglich wird."[324]

Die modernen Gegner der Judenmission bieten das Judentum als Heilsweg für die Juden und das Christentum als Heilsweg für die übrige Menschheit

---

[321] Rolf Rendtorff, Streit um die Judenmission „Evangelische Kommentare", Monatszeitschrift zum Zeitgeschehen in Kirche und Gesellschaft, 13. Jahrgang 1980, S. 717.

[322] Vgl. a.a.O., S. 718.

[323] Paul Gerhard Aring, „Juden und Christen heute – und die Judenmission?", Evangelikale Missiologie, Zeitschrift 1987, S. 4.

[324] Arnulf Baumann, *Christliches Zeugnis und die Juden heute*, Tagungsprotokolle – Evangelische Akademie Iserlohn, S. 6.

an. Aber dieses Argument, so Baumann, „hat keinen Anhaltspunkt im Neuen Testament, – laut dem sich die Botschaft des Evangeliums an Juden und Heiden gleichermaßen wendet."[325] Dem widerspricht Paul Aring. Er sieht durchaus keine Notwendigkeit für Judenmission. Die „bleibende Erwählung" und „Bundesgemeinschaft mit Gott" sind für ihn die Argumente gegen Judenmission. Aring ist der Auffassung: „Eine Mission der Heiden an den Juden ist nicht nötig – sie sind bereits dort, wo sie der Vater haben will."[326] Diese Begründung aber kann man kaum stehen lassen, weil die biblischen Texte etwas anderes aussagen.[327]

In den vielen Diskussionen zwischen Befürwortern und Gegnern der Judenmission wird etwas Wichtiges außer Acht gelassen: Sicher sind die Nachfolger Jesu dazu berufen, die von ihnen erkannte Wahrheit in Wort und Tat zu bezeugen. Aber sehr oft wird vergessen, dass es nicht in der Macht des Menschen liegt, die Herzen der Menschen zu einer Glaubensentscheidung zu bewegen. Letztendlich ist Mission die Sache Gottes. Die Theologen kennen den Begriff „Missio Dei", er bedeutet auch die Selbstmitteilung Gottes. Darunter versteht man, dass Gott sich selbst sendet, indem er sich Israel zuerst am Sinai offenbart. Dann wird Jesus vom Vater wiederum zum Volk Israel gesandt. Und danach senden Vater und Sohn den Heiligen Geist wiederum zuerst zu dem jüdischen Volk! (Apg 2,38). Daher ist der Begriff Mission ganz eng mit der Existenz und Berufung des Volkes Israel verbunden.

6.2 Die moderne messianische Bewegung – ein neuer Impuls für die Judenmission

6.2.1 Die Entwicklung der modernen messianischen Bewegung

Die moderne messianische Bewegung ist keine neuartige „Pflanze" unter den vielen christlichen Konfessionen. Zunächst ist sie auf einem Boden gewachsen, der in den vergangenen zwei Jahrhunderten reich gedüngt wurde. Darauf wurde in dieser Arbeit ausführlich hingewiesen. Die vom Pietismus angestoßene Judenmission fand ihren Höhepunkt in der Erweckungsbewegung des 19. Jh. Die Anregung des Herrnhuter Pietismus für eine judenchristliche Gemeinde wurde in Kischinew, aber auch in Jerusalem und Hamburg realisiert.[328]

---

[325] A.a.O.

[326] Paul Gerhard Aring, *Judenmission – heute noch?*, Tagungsprotokolle – Evangelische Akademie Iserlohn, S. 13.

[327] Vgl. 1 Joh 2,23; Joh 3,36; 5,23; 6,40.

[328] Vgl. Kap 5 dieser Arbeit, 5.3, 5.4, 5.5. Vgl. auch Martin Jung, *Christen und Juden*, S. 266.

Nach der Gründung des Staates Israel 1948 entstanden auch dort messianische Gemeinden. Manche von ihnen sind unter dem Einfluss westlicher Theologie entstanden. Besonders nach dem Sechstagekrieg 1967 nahm die Zahl der jesusgläubigen Juden zu. Das gewachsene jüdische Selbstbewusstsein in Israel und außerhalb führte zu einer Ausbreitung der messianischen Bewegung in der ganzen Welt. Besonders nach der Perestrojka kam es in den Ländern der GUS zu einem enormen Wachstum der messianischen Bewegung. Vor über hundert Jahren schrieb de le Roi prophetisch:

> Die russische Judenschaft aber ist dasjenige Missionsfeld, welches der Missionsarbeit den größten Lohn verspricht. Wenn dort einmal die Schranken fallen, die jetzt der Predigt des Evangeliums gezogen sind, dann wird es deutlich zu Tage treten, dass der jüdische Boden daselbst der allerkeimfähigste ist.[329]

Es ist bemerkenswert, dass gerade in Deutschland die Missionsarbeit unter Juden wieder aufgenommen wurde. In Baden-Württemberg begann der „Evangeliumsdienst für Israel" 1971 mit seiner Arbeit. Bis 1988 war der Judenchrist Alfred Burchartz Geschäftsführer. Ihm folgte Hartmut Renz. Seiner Einschätzung nach sah das Arbeitsfeld der Evangelisation unter Juden in Deutschland vor der Wende folgendermaßen aus:

> Als ich mit Beginn des Jahres 1989 meinen Dienst als Geschäftsführer beim Evangeliumsdienst für Israel antrat, gab es in Deutschland höchstens ein paar vereinzelte Juden, die Jesus Christus als ihren Herrn und Messias bekannten. An jüdisch-messianische Gruppen und Gemeinden wagte niemand auch nur zu denken. Die Zahl der jüdischen Mitbürger lag konstant bei rund dreißigtausend. Von einer nennenswerten Zahl messianischer Juden in Deutschland oder gar von messianischen Gemeinden hat damals niemand auch nur zu träumen gewagt.[330]

Im Jahr 1994 traf der Trägerkreis des EDI die für seine Arbeit historische Entscheidung, einen Evangelisten für die Arbeit unter russischsprechenden Juden anzustellen.

Seit 1990 wanderten Juden aus der ehemaligen Sowjetunion als so genannte Kontingentflüchtlinge in die Bundesrepublik ein. Heute leben in Deutschland rund 300.000 Juden. Nur ein Drittel von ihnen ist Mitglied der jüdischen

---

[329] J.F.A. de le Roi, Die evangelische Christenheit und die Juden, Bd. 2, S. 353.

[330] Hartmut Renz, *Juden finden ihren Messias* (Holzgerlingen: SCM-Verlag GmbH & Co. KG, 2012), S. 112.

Religionsgemeinschaften geworden. Unter den anderen zwei Dritteln gibt es viele suchende Menschen, die existenzielle und geistliche Fragen haben. Zu den Einreisewilligen gehörten auch messianische Juden. Manche waren noch in ihrem Heimatland zum Glauben an Jesus gekommen, ihren Messias, andere kamen erst in Deutschland zum Glauben an Jesus. Sie waren von ihrem Glauben so erfüllt, dass sie ihn weitergeben wollten. Und so entstanden in größeren Städten Deutschlands blühende messianische Gemeinden und Hauskreise.

6.2.2   Der Kreis schließt sich – die Anknüpfung an die Urgemeinde

Ob in den USA, in Israel, Russland oder Deutschland, die moderne messianische Bewegung unterscheidet sich von früheren Generationen von Judenchristen dadurch, dass es ihr wichtig ist, ihre jüdische Identität zu bewahren. Dementsprechend nennen sich auch die messianischen Juden anders. So bestätigt Jung: „Die Begriffe ‚Judenchrist' und ‚Judenchristentum' werden in der Gegenwart nur noch in religionsgeschichtlichen und konfessionskundlichen Kontexten verwendet."[331] Man kann mit Sicherheit von einer neuen messianischen Terminologie sprechen. Vor allem aber sehen sich messianische Juden, ob in Israel oder in anderen Ländern, als Teil des Volkes Israel. „Die jüdische Identität wird also in den Vordergrund gestellt."[332] Wie genau drückt sich das aus und welche Auswirkungen hat das für die Judenmission?

Eine der wichtigsten Entdeckungen der modernen messianischen Bewegung war die Tatsache, dass ihr Glaube an Jesus nicht im Widerspruch zum biblischen Judentum steht. Diese Feststellung führte zu folgenden Konsequenzen. Man fing an, die Bibel und vor allem das NT mit jüdischen Augen zu lesen. Das bedeutet, das NT mit Rückbezug auf den Tenach und die jüdische Tradition auszulegen. Die Bibelstellen, die aufgrund der herrschenden Ersatztheologie als „christlich" gedeutet wurden, wurden jetzt mit jüdischen Inhalten gefüllt. Vor allem aber wollte man die Fundamente des eigenen Glaubens nicht in den Dogmen der Kirche, sondern in den Schriften des NT als Fortsetzung des AT finden. Die Tatsache, dass die Urgemeinde in Jerusalem fast nur aus Juden bestand, stellt den modernen jesusgläubigen Juden ein überzeugendes theologisches Argument zur Verfügung. So stellt Kai Kjaer-Hansen fest: „... man kann wohl nichts dagegen einwenden, wenn die messianischen Juden heute sich keineswegs als unerhörte Neuerfindung verstehen."[333]

---

[331]   Martin Jung, *Christen und Juden*, S. 268.

[332]   A.a.O., S. 269.

[333]   Kai Kjaer-Hansen, O. Kvarme, *Messianische Juden* (Erlangen: Verlag der Ev.-Luth. Mission, 1983), S. 21.

Eine andere bedeutende Entdeckung war die Rolle der Verkündigung und Evangelisation in der Urgemeinde. Die Begriffe „Bekehrung" und „Buße" decken sich mit dem hebräischen Begriff *Teschuwa*, der im orthodoxen Judentum von zentraler Bedeutung war und von der Rechenschaft der Menschen vor Gott handelt.[334] Der Ruf zur Bekehrung (nicht zu einer anderen Religion, sondern zum eigenen Gott!) war in der Urgemeinde eines der wesentlichsten Elemente und stand in der langen Tradition der Propheten Israels.[335] Nun riefen die ersten jesusgläubigen Juden ihre Volksgenossen zu einer Bekehrung zu Gott durch Jesus den Messias. Der Ruf zur Bekehrung erreichte gemäß der Apostelgeschichte mehrere Tausend Juden im damaligen Jerusalem.[336] Die moderne messianische Bewegung knüpft an diese biblische Tradition an. Das, was von der heidenchristlichen Kirche mit so viel Mühe und sehr oft mit unklarer Motivation und falschen Mitteln erträumt und getrieben wurde, kam seitens der messianischen Bewegung auf ganz natürliche Art und Weise zustande. Kai Kjaer-Hansen stellt fest:

> Der Teschuwa-Begriff ist aber auch die Grundlage für den Ruf an die nichtchristlichen Juden, zum Glauben an den Messias Jesus zu kommen. Sie werden zur Buße und Umkehr gerufen, sie werden zurückgerufen zu neuem Glauben und zu neuer Gemeinschaft mit dem Gott Israels durch seinen Messias, Jesus von Nazareth. Diese Verkündigung bringt bewusst zum Ausdruck, dass das Evangelium den Juden nichts Fremdes ist, sondern dass ganz im Gegenteil die nicht an Jesus glaubenden Juden dem Gott Israels fremd geworden sind durch ihre Ablehnung des Erlösers.[337]

Ist das nicht Judenmission pur? In einem jüdischen Kontext von Juden zu Juden. Dabei haben die heutigen messianischen Juden, genau wie die ersten jesusgläubigen Juden, keine Vorbehalte, um ihren Landsleuten das Evangelium weiter zu sagen. Sie haben keine Theologie des Schweigens ausgearbeitet. Sie haben sich an ihrem Volk nicht schuldig gemacht und können frei und offen den Glauben an Jesus weitergeben. Zwei Fragen bleiben dabei offen: Können auch Christen nichtjüdischer Herkunft angesichts der wachsenden messianischen Bewegung Judenmission treiben und was können sie dabei von messianischen Juden lernen? Noch wichtiger aber scheinen folgende Fragen zu sein: Welches Ziel verfolgt eine biblisch fundierte Judenmission? Darf man das Volk Israel als „Missionsobjekt" betrachten?

---

[334] Vgl. a.a.O., S. 121.

[335] Vgl. Apg 2,14-36.

[336] Vgl. Apg 21,20.

[337] Kai Kjaer-Hansen, O. Kvarme, *Messianische Juden*, S. 122.

6.2.3   Die prophetisch-missionarische Sendung Israels

Schon 1718 schrieb der puritanische Theologe J. Toland, dass das jüdische Volk immer noch als Nation eine Berufung von Gott habe und dass die Judenchristen ihre jüdische Identität bewahren sollten.[338] Das war auch der Ansatz der pietistischen Väter und der Erweckungsbewegung. Die eigentliche Frage ist: Welche besondere eschatologische Berufung hat das Volk Israel?

Ein messianischer Theologe der Gegenwart, Daniel Juster, der Israels Zukunft im Rahmen einer heilsgeschichtlichen Perspektive untersucht, schreibt dazu: „Israel wird wieder als geopolitische Einheit existieren, als ein Werkzeug von Gottes Offenbarung und Gericht, welches seine unwiderrufliche Berufung und Zweck ist."[339] Daraus folgt, dass das jüdische Volk zu einem mächtigen Zeugen dessen werden wird, was Gott durch Jesus getan hat. Israel hat eine prophetisch-missionarische Berufung.

Bei allen modernen Debatten um die Judenmission wird dieser wichtige Aspekt völlig ausgeblendet: Die Judenmission, gleichgültig ob in Form eines Zeugnisses oder eines Dialogs, egal ob sie von Juden zu Juden oder von Christen zu Juden geschieht, sollte nie zu einem Selbstzweck werden. Jeder Jude, der durch seinen Messias zu seinem Gott findet, kommt zu seiner Berufung, die seit über 4.000 Jahren in den jüdischen heiligen Schriften niedergeschrieben wurde: einer priesterlichen Berufung![340] Ein „Königreich von Priestern" – das ist die ewige Bestimmung Israels, die „in der letzten Zeit" aktualisiert werden muss. Diese priesterliche Berufung beinhaltet einen klaren missionarischen Aspekt. Avi Snyder stellt fest:

Im Altertum waren die Priester in erster Linie für zwei Dinge verantwortlich. Sie lehrten die Menschen über Gott und sie traten vor Gott für die Menschen ein. Anders ausgedrückt: Priester sprachen zu den Menschen von Gott und sie sprachen zu Gott von den Menschen.[341]

Daraus folgert Snyder logisch:

Wenn nun das ganze Volk Israel berufen war, ein Königreich von Priestern zu sein, müssen wir uns die Frage stellen: Welche anderen Menschen

---

[338] Vgl. Daniel Juster, *Jewish Roots: A Foundation of Biblical Theology* (Pacific Palisades: Davar Pub. Co., 1986), S. 148.

[339] A.a.O., S. 31.

[340] Vgl. 2 Mo 19,3-6.

[341] Avi Snyder, *Erwählt: Die einzigartige Berufung Israels* (Bad Nauheim: Media! Worldwidewings, 2008), S. 9.

sollten sie denn lehren, und für welches andere Volk sollten sie eintreten? Ja, wer bleibt übrig?[342]

Eine unmissverständliche Antwort für Snyder und auch für alle anderen Menschen wäre: natürlich alle anderen Völker der Erde. So auch Snyder wie folgt: „Die Berufung, ein Königreich von Priestern zu sein, war nichts weniger als ein Ruf in den Missionsdienst."[343]

Diese These eröffnet eine neue Perspektive für die Judenmission: Die Judenmission hat als letztes Ziel die Weltmission im Blick.[344] Erich Lubahn schreibt dazu:

> Wenn Jesus seine Jünger aufforderte, alle Völker zu lehren und sie im Namen des Vaters und des Sohnes und des Heiligen Geistes zu taufen, so fügte er sich damit in das allen Juden bekannte Konzept: „Das Heil (für die Völker) kommt von den Juden" (Joh 4,22) ein.[345]

Und dann unterstützt Lubahn die These von Snyder, ohne ihn und seine These zu kennen, mit folgender Aussage:

> Gemäß der Verheißung sollte zuerst durch den Messias ganz Israel für seine Heilsfunktion an den Völkern bereitet werden, um schließlich allen Nationen (durch die Juden) das Heil zu bringen – eine grundsätzliche heilsgeschichtliche Linie, die nicht aufgehoben, aber in ihrer Globalität noch nicht aktuell ist.[346]

Als Erich Lubahn seinen Artikel 1985 schrieb, gab es in der Welt nur eine vergleichsweise geringe Zahl messianischer Juden. Doch könnte man nicht 27 Jahre später, angesichts einer weltweiten messianischen Bewegung sagen, dass mindestens erste Züge dieser von ihm erwähnten Globalität unmittelbar vor der Tür stehen oder dass wir uns sogar schon mittendrin befinden? Es ist keine Sensation mehr, dass messianische Theologen zu internationalen christlichen Treffen als Hauptredner eingeladen sind, dass Evangelisationsteams von Israel in andere Länder kommen und das Evangelium predigen, dass messianische Juden Rehabilitationszentren in Israel, aber auch im Aus-

---

[342]   A.a.O.

[343]   A.a.O.

[344]   Vgl. die Ausführung des Autors zu „Missio Dei" auf S. 102.

[345]   Heinz Kremers, Erich Lubahn, *Mission an Israel in heilsgeschichtlicher Sicht* (Neukirchen-Vluyn, Neukirchner Verlag, 1985), S. 94.

[346]   A.a.O., S. 92.

land aufbauen, dass die messianischen Gemeinden sehr erfolgreich nichtjüdische Mitglieder integrieren usw.

Noch 1985 konnte Lubahn in Bezug auf „Blindheit in Israel" (Röm 11,25f.) schreiben: „In diesem Abschnitt der Heilsgeschichte stehen wir auch heute noch."[347] Aber heute (2012) ist Israel als Volk nicht mehr dasselbe wie vor 27 Jahren. In diesen nur drei Jahrzehnten zeigte Gott unmissverständlich, dass die „Gemeinde Jesu aus der Beschneidung" wieder, zum ersten Mal in den letzten 2.000 Jahren, an Gestalt gewinnt!

Auch die Gemeinde Jesu aus den Heiden ist nicht mehr dieselbe, die sie früher war. Mehr und mehr beginnt die christliche Gemeinschaft sich auf ihre jüdischen Wurzeln, auf ihr geistliches Erbe, zu besinnen. So konstatiert Erich Lubahn: „Die Gemeinde aus den Heiden erkennt neu, dass die Wurzeln ihres Glaubens im Ölbaum Israel zu suchen sind."[348] Die messianischen Juden können in diesem Punkt ihren Beitrag im Leib Jesu leisten und beide Parteien, messianische Juden und Christen aus den Nationen, können sich gegenseitig geistlich befruchten.

6.2.4   Theologische Aspekte der Judenmission im 21. Jh.

Eine der wesentlichen Fragen in Bezug auf die Judenmission im 21. Jh lautet: Dürfen auch Christen nichtjüdischer Herkunft Juden das Evangelium weitersagen? Die Antwort darauf soll aus unterschiedlichen Gesichtspunkten betrachtet werden.

Als einen der Grundsteine in der modernen Judenmission, wenn sie von Christen ausgeht, nennt Lubahn Demut und Buße. Man kann aus der Geschichte nicht auslöschen, was in der Vergangenheit durch Christen an Juden geschehen ist. So schreibt Lubahn wie folgt: „Ohne diese grundlegende und totale Buße wird jede Judenmission von vornherein zum Scheitern verurteilt sein."[349] Beinhaltet diese Position auch die Revision der Theologie der Judenmission? Wird sie auch die gesamtkirchliche Tradition der Ablehnung Israels als Gottesvolk in Frage stellen? Diese Fragen wurden in einem epochalen Synodalbeschluss positiv beantwortet:

Durch Jahrhunderte wurde das Wort „neu" in der Bibelauslegung gegen das jüdische Volk gerichtet: Der neue Bund wurde als Gegensatz zum alten Bund, das neue Gottesvolk als Ersetzung des alten Gottesvolkes verstanden. Diese Nichtachtung der bleibenden Erwählung Israels und seine

---

[347] A.a.O., S. 96.

[348] A.a.O.

[349] A.a.O., S. 98.

Verurteilung zur Nichtexistenz haben immer wieder christliche Theologie, kirchliche Predigt und kirchliches Handeln bis heute gekennzeichnet. Dadurch haben wir uns auch an der physischen Auslöschung des jüdischen Volkes schuldig gemacht.[350]

Die Wichtigkeit dieses Beschlusses für das Verhältnis zwischen Juden und Christen kann man nicht überschätzen. So schreibt Robert Brandau dazu: „Erstmals in der Nachkriegsgeschichte wurde in breiter kirchlicher Öffentlichkeit bis in die theologischen Fakultäten hinein das Thema ‚Christen und Juden' kontrovers diskutiert."[351]

Bei aller Achtung dieser neuen Perspektive der Erwählung Israels und der Bündnistheologie war der Beschluss für die Judenmission schädlich. So fasst Brandau zusammen:

Die Konsequenzen für die Missionstheologie sind offenkundig. Ist das Volk Israel von Gott nicht verworfen und theologisch nicht „überholt", tritt also die heidenchristliche Kirche nicht an die Stelle Israels als Nachfolgeorganisation des Volkes Gottes im Sinne der Substitutionstheorie, dann kann das gebotene heidenchristliche Zeugnis gegenüber Israel nicht missionarisch sein.[352]

Hätte die Landessynode nicht auf die prophetische Stimme eines bedeutenden Theologen hören sollen, der vor über 70 Jahren im Angesicht des rasch aufkommenden Nationalsozialismus geschrieben hat: „Die Kirche muss Christus nicht nur Heiden, sondern auch den Juden bekennen. Sie hat die Aufgabe, den Messias der Juden den Juden zu bringen, die ihn noch nicht kennen."[353]

Ein anderer wichtiger Aspekt der Judenmission liegt im Bereich der Ekklesiologie. Erich Lubahn stellt ihn so dar: „Hat die Judenmission das Ziel, Juden

---

[350] Synodalbeschluss der Evangelischen Kirche im Rheinland, *Zur Erneuerung des Verhältnisses von Christen und Juden*, zitiert aus R. Rendtorff, H. H. Henrix, Die Kirchen und das Judentum. Dokumente von 1945-1985 (Paderborn/München, 1988), S. 217-232.

[351] Robert Brandau, *Innerbiblischer Dialog und dialogische Mission: Die Judenmission als theologisches Problem* (Neukirchen-Vluyn: Neukirchener Verlag, 2006), S. 274.

[352] A.a.O., S. 282.

[353] Dietrich Bonhoeffer, Dietrich Bonhoeffer Werkausgabe 12, Berlin 1932-1933, hg. Von Carsten Nikolaisen und Ernst-Albert Scharfenorth, 1997, zitiert aus Eric Metaxas, *Bonhoeffer, Pastor, Agent, Märtyrer und Prophet* (Holzgerlingen: Stiftung Christliche Medien, 2011), S. 196.

zu Christen irgendeiner Kirche oder Konfession zu machen?"[354] Mit der Antwort auf diese Frage steht und fällt die Judenmission. Die Frage wäre, wenn es um irgendeine andere Mission ginge, unbedeutend. Es ist selbstverständlich, dass Heiden, egal zu welchem Volk sie auch immer gehören, Christen werden, wenn sie zum Glauben an Jesus kommen. Nicht so die Juden. Die nationale Existenz des jüdischen Volkes für die Ewigkeit ist durch die Aussagen der Bibel bestätigt und ist ein Teil des Neuen Bundes![355] Auch und besonders jesusgläubige Juden sollten ihre jüdische Identität bewahren und Juden in jeder Hinsicht bleiben. Diesem Gedanken folgt auch Lubahn, wenn er schreibt: „Sollen wir nun Juden aus ihrer Tradition reißen und in die Tradition der heidenchristlichen Christenheit einfügen? Das wäre ein unbiblischer Proselytismus."[356] Dabei ist es wichtig, festzustellen, dass es nicht um eine moderne Erscheinung geht, wenn jesusgläubige Juden ihre jüdische Identität bewahren, sondern um die Anknüpfung an die Urgemeinde. So schreibt Rendtorff zur Auslegung einiger Bibelstellen im Römerbrief: „Paulus lässt sich nicht von Israel trennen. Der ‚Christ' Paulus bleibt Jude!"[357] Diese These unterstützt auch Wolfhart Pannenberg, emeritierter Professor für Systematische Theologie aus München:

Eine der neuen Entwicklungen, die durch die Wiedererrichtung eines jüdischen Staates in Palästina möglich geworden sind, war das Auftreten von Gruppen „messianischer Juden". Seit dem Ende der jüdischen Gemeinde in Jerusalem im ersten Jahrhundert ist dies das erste Mal, dass eine jüdisch-christliche Kirche wieder ersteht, so dass sich ein Jude nicht an eine heidenchristliche Kirche wenden muss, wenn er oder sie zum Glauben an Jesus Christus kommt. Die „messianischen Juden" wollen Juden bleiben, während sie gleichzeitig am Bekenntnis festhalten, dass Jesus der Messias ist. Früher oder später wird der christlich-jüdische Dialog von dieser Tatsache Notiz nehmen müssen.[358]

---

[354] A.a.O., S. 99.

[355] Vgl. Jer 31,35-37.

[356] Heinz Kremers, Erich Lubahn, *Mission an Israel in heilsgeschichtlicher Sicht*, S. 100.

[357] Rolf Rendtorff, „Wir müssen unsere jüdischen Wurzeln wiedergewinnen", in Christina Kurth, Peter Schmidt, *Das christlich-jüdische Gespräch* (Stuttgart: Verlag W. Kohlhammer, 2000), S. 52.

[358] Wollfhart Pannenberg, Jews and Christians, People of God, http://www.worldcat.org/wcpa/servlet/DCARead?standartNo=0802805078&standartNoType=1&excerpt=true (24.03.1012).

Ist es nicht problematisch, wenn messianische Juden ihre jüdische Identität bewahren? Ist es nicht kompliziert für Christen aus den Nationen, sich mit ihren messianischen Glaubensgeschwistern zu identifizieren? Besteht die Gefahr, dass Christen durch ihren Umgang mit messianischen Juden „jüdischer" werden? Diese Fragen hat Paulus ausführlich im Galaterbrief behandelt. Er weist darauf hin, dass Christen nichtjüdischen Ursprungs darauf achten sollten, dass sie nicht das Gesetz des Moses als Heilsbedingung für notwendig halten. Trotzdem muss man feststellen, dass wir es heute mit einer völlig anderen Situation zu tun haben. Zu Lebzeiten des Paulus lebten Christen aus dem jüdischen Erbe. Es gab keine neutestamentlichen Schriften. Es gab keine christliche Ethik und keine christliche Dogmatik. Heutzutage leben die meisten Christen von einer zweitausendjährigen christlichen Tradition, die nach dem Konzil von Nicäa (325 n.Chr.) in Verbindung mit einer teils antijüdischen Polemik entstand. Es ist nicht verkehrt, dass Christen von ihren messianischen Geschwistern lernen, die jüdischen Wurzeln des christlichen Glaubens zu entdecken. In seinem Buch „Das Christentum – eine jüdische Religion" schreibt David Flusser:

> Auch historisch gesprochen konnten sich das Christentum wie auch der Islam nur darum zu einer Weltreligion entfalten, weil es jeweils ein jüdischer Glaube und ein jüdisches Bekenntnis gewesen ist … Es ist also verständlich, dass als sich das Christentum verbreitet hatte, der jüdische Monotheismus, der Glaube an den einen sittlichen Gott, die liebende Zuneigung zum Nächsten, die sittlichen Imperative, das gesunde Familienleben, die Sorge um die Armen und Behinderten und die Ehrfurcht vor dem Leben viele Heiden angezogen haben. Das Christentum konnte darum von den Heiden angenommen werden, weil es sich vor ihnen als jüdische Religion legitimiert hat, und diese Heiden, die Christen geworden sind, haben vielfach von dem Judentum schon früher gewusst, und manche waren, wie es uns Paulus bestätigt, Kenner der jüdischen heiligen Schriften.[359]

Es würde den Rahmen dieser Arbeit sprengen, weitere Ausführungen zu diesem wichtigen Thema zu bringen. Jedoch muss man festhalten: Die Anknüpfung der modernen messianischen Bewegung an die Urgemeinde zwingt die christliche Kirche, sich mit den jüdischen Wurzeln des christlichen Glaubens auseinanderzusetzen.

---

[359] David Flusser, *Das Christentum – eine jüdische Religion* (München: Kösel Verlag, 1990), S. 160.

Eine solche Auseinandersetzung schließt die Anerkennung bzw. Ablehnung der universalen Berufung des jüdischen Volkes, nämlich seiner prophetisch-missionarischen Sendung zu den anderen Völkern ein.[360] Die Frage muss von der Kirche beantwortet werden: „Wenn die Berufung bis heute besteht (und Paulus bestätigt das), dann besteht auch nach wie vor die Dringlichkeit, dem jüdischen Volk das Evangelium zu bringen."[361] Der Beweggrund dafür sollte nichts anderes als die Liebe zum jüdischen Volk sein. Die treibende Kraft der Liebe zu Israel bekennen aber auch Kirchen und Gemeinden, die Judenmission ablehnen und für einen Dialog plädieren. Kann die biblisch begründete Liebe, die auch Paulus getrieben hat,[362] das Evangelium ausschließen? So führt Avi Snyder aus:

> Wenn die Gemeinde und Kirche versteht, wozu Israel auserwählt wurde – auf welche Weise sollten Kirche und Gemeinde dann Israel segnen und für Israel beten? Wie sollten Kirche und Gemeinde am besten ihre Liebe zu meinem jüdischen Volk ausdrücken? Die Antwort ist eigentlich sehr einfach, aber nicht sehr bequem. Kirche und Gemeinde müssen für Israels Rettung eintreten, damit Israel die Berufung wahrnehmen kann, zu deren Erfüllung Gott uns auserwählt hat – dem Rest der Welt das Evangelium zu verkünden.[363]

Solche Positionen nicht nur aus der jüdisch-messianischen Bewegung, sondern auch aus der Kirche sind keine Ausnahmen. Jedoch bleiben die Herausforderungen für die Verkündigung des Evangeliums unter Juden im 21. Jh. nach wie vor das Thema. Tuvya Zaretsky gibt einen Gedankenanstoß dazu, indem er die Herausforderungen zusammenfasst:

Unvereinbare Wahrheitsansprüche. „Sowohl das klassische Judentum als auch das klassische Christentum erheben einen Wahrheitsanspruch."[364]

1. Die Ablehnung des orthodoxen Judentums. Nach orthodox-jüdischer Auffassung ist ein jesusgläubiger Jude kein Jude mehr und kann daher auch kein Mitglied in einer jüdischen Gemeinde sein.

2. Der andauernde christliche Antisemitismus führt zum einen zur Ablehnung des Evangeliums durch die jüdische Seite wie auch zur Ablehnung

---

[360] Vgl. 6.2.3. dieser Arbeit.

[361] Avi Snyder, *Erwählt: Die einzigartige Berufung Israels*, S. 25.

[362] Vgl. Röm 9,1-5.

[363] Avi Snyder, *Erwählt: Die einzigartige Berufung Israels*, S. 26-27.

[364] Tuvya Zaretsky, *Das Evangelium – auch für Juden: Impulse aus der messianischen Bewegung*, S. 64.

der Notwendigkeit, Juden das Evangelium in Wort und Tat zu bezeugen durch die christliche Seite.

3. Moderner Markionismus. Die Einheit der Heiligen Schrift wird von manchen christlichen Theologen in Frage gestellt. Es wird ein Unterschied zwischen dem Gott des Alten und dem Gott des Neuen Testaments gemacht. So schreibt Zaretsky: „Solche falschen Vorstellungen können für Juden ein Hindernis sein, Gottes wahres Wesen zu verstehen, wie es in der Bibel als Ganzes zu finden ist."[365]

4. Eschatologie. Die modernen Theologen haben unterschiedliche Auslegungen der Prophetie bezüglich des Volkes und des Landes Israel. Manche von ihnen lehnen die eschatologische Bedeutung Israels ab. Das schadet der Evangeliumsverkündigung sehr. Dazu schreibt Zaretsky: „Wenn Gottes treue Liebe zu Israel andauert, dann ist seine Liebe in Christus für alle Menschen ebenso sicher."[366] Und dann beschreibt er die Notwendigkeit des christlichen Zeugnisses im Angesicht des zweiten Kommens Jesu: „Die Hoffnung auf diese herrliche Zukunft sollte alle Christen dazu bewegen, der Verkündigung des Evangeliums die erste Stelle einzuräumen, jetzt und bis der Herr in Herrlichkeit wiederkommt."[367]

5. Versöhnung. Die übernatürlich Einheit zwischen Arabern und Juden in Christus schafft die Basis für die Lösung eines scheinbar unlösbaren Problems: Wie kann in Israel Frieden entstehen? Diese Dimension kommt auch in Deutschland zum Ausdruck, wo die Kinder der Opfer und die Kinder der Täter Vergebung und Versöhnung in Jesus erfahren dürfen.

---

[365] A.a.O., S. 68.

[366] A.a.O., S. 69.

[367] Ebd.

7 Wegweisung für das messianische Zeugnis in der Zukunft

7.1 Perspektiven für das messianische Zeugnis in der Zukunft

In diesem Kapitel wird vom Begriff „Judenmission" Abschied genommen. Stattdessen wird der Begriff „messianisches Zeugnis" verwendet, um zu beschreiben, wie den Juden das Evangelium von ihrem Messias verkündet werden soll. Es gibt mehrere Gründe für diesen Begriffswechsel. Einen davon beschreibt Robert Brandau folgendermaßen:

> Jüdischerseits wurde und wird ‚Judenmission' von den Jahrtausende alten diskriminierenden Erfahrungen mit dem Christentum her als Ausdruck der Illegitimität des eigenen Glaubens und deshalb als Versuch der Beseitigung jüdischen Lebens verstanden.[368]

Brandau ist nicht der einzige, der den Begriff als veraltet und nicht mehr angemessen ansieht. Der Begriff „Judenmission" ist ein „missbrauchtes und missverständliches Wort", wie es Erika Krimmer in einem Kommentar im DS – Das Sonntagsblatt[369] ausdrückte. Schon 1977 schrieb Editha Wolf-Chrome: „Der veraltete Begriff ‚Judenmission' wurde durch die zeitgemäße Bezeichnung ‚Gespräch mit Israel' ersetzt."[370] Viele beziehen „Judenmission" ausschließlich auf unmenschliche und dem christlichen Ethos diametral entgegengesetzte Ereignisse z.B. Judenverfolgungen während der Kreuzzüge sowie Zwangsbekehrungen. Deshalb lehnen sie Judenmission ab. Der Begriff „Mission" wurde im Mittelalter missbräuchlich verwendet. Kirchenrat Albrecht Hauser sagte in einem Interview: „Der Begriff ‚Judenmission' sollte vielleicht auch nicht gebraucht werden, da er so viele falsche Vorstellungen auslöst. Aber Evangeliumsverkündigung in Zeugnis und Dienst kann – und nichts anderes ist der Inhalt christlicher Mission immer gewesen – gerade auch dem Bundesvolk Israel gegenüber nicht verboten sein …"[371]

---

[368] Robert Brandau, *Innerbiblischer Dialog und dialogische Mission*, S. 357.

[369] Abgedruckt in idea Dokumentation 22/95 mit dem Titel „Sollen Christen Juden missionieren?", S. 38.

[370] Editha Wolf-Chrome, *Stephanus Schultz, Aus den Lebenserinnerungen* (Hamburg-Bergstedt: Herbert Reich Evang. Verlag GmbH, 1977), S. 17.

[371] Abgedruckt in idea Dokumentation 6/2000 mit dem Titel „Der überdrüssige Streit um die sogenannte Judenmission", S. 35.

Gewiss haben Juden unter Judenmission immer das Ziel des Religionswechsels und das Ende des Judentums als Volk Gottes verstanden. Mit dem Aufkommen des messianischen Judentums hat sich die Perspektive verändert. Die messianischen Juden sehen ihren Glauben nicht im Widerspruch zum biblischen Judentum.

In den letzten 50 Jahren hat sich die messianische Bewegung in der ganzen Welt ausgebreitet. Diese Entwicklung bringt drei Aspekte für das messianische Zeugnis in der Zukunft mit sich:

1. Die Beziehungen zwischen messianischen Juden und Christen aus den Nationen.

2. Die Beziehungen zwischen messianischen Juden und säkularen oder orthodoxen Juden.

3. Die Beziehungen zwischen Christen und Juden, die nicht an Jesus glauben

Im Folgenden wird kurz auf diese drei Beziehungsebenen eingegangen. Dabei ist wichtig zu beachten: Man darf das Volk Israel nicht als eine religiöse Einheit betrachten. Es gibt heutzutage sowohl orthodoxe als auch reformierte, konservative und liberale Juden. Diese religiösen Richtungen bilden aber eine Minderheit unter den 13,5 Millionen Juden in der Welt. Die meisten heute lebenden Juden sind mehr oder weniger säkular geprägt. Für das bessere Verständnis unseres Themas werden die Juden in orthodox und säkular eingeteilt.

7.1.1   Das Verhältnis zwischen Kirche und messianischen Juden

Über die Position der Christen zu den messianischen Juden hat Lubahn Folgendes geschrieben:

> Wir (Christen) suchen unter den Juden unsere Brüder dem Geist nach und pflegen mit ihnen Gemeinschaft in Jesus Christus. Wir helfen ihnen, ihren Platz als ‚messiasgläubige Juden' in ihrem Volk und ihrer Tradition zu erkennen und einzunehmen.[372]

Leider ist diese Einstellung immer noch eine Ausnahme. Viele Christen tun sich mit messianischen Juden oft schwer. Vielfach wird ihre Existenz von den traditionellen Kirchen ignoriert oder totgeschwiegen.

Genauso denkt auch die akademische christliche Welt. So schreibt Rolf Rendtorff:

---

[372] Erich Lubahn, *Judenmission in heilsgeschichtlicher Sicht*, S. 102.

Wenn heute ‚messianische Juden' sagen: Wir sind die wahren Juden, weil wir an den Messias Jesus glauben, dann ist das – insbesondere nach dem Holocaust – unmöglich. Eine individuelle Konversion ist natürlich möglich und zwar in beiden Richtungen. Aber jede Gemeinschaft muss ihre Identität behalten und die der anderen respektieren![373]

Die heute als epochemachend geltende Erklärung der Rheinischen Landeskirche zum Verhältnis von Christen und Juden kommt ganz ohne Erwähnung der messianischen Juden aus. So schreibt Baumann: „Man weiß vielfach nicht recht etwas mit ihnen anzufangen."[374] In der EKD-Studie Christen und Juden II wird zumindest mit Folgendem auf ihre Bedeutung für die Kirche hingewiesen: „Christen jüdischer Herkunft sollten von der Kirche und ihren Gemeinden als lebendige Erinnerung an die Wurzeln der Kirche und an deren Charakter als Gemeinschaft aus Juden und Heiden wahrgenommen werden."[375] Ich möchte diesen Satz noch etwas zuspitzen: Wenn die Kirche die zentrale Bedeutung messianischer Juden nicht erkennt, steht sie in der Gefahr, neue Irrwege einzuschlagen. Leider sind die messianischen Juden, sowie auch das messianische Zeugnis selbst, für die Kirche noch nicht wichtig. Paul Gerhard Aring gibt dem letzten Kapitel in seinem Buch die Überschrift: „Ende der Judenmission". Unter anderem beschreibt er in diesem Kapitel, was die Christenheit verlieren würde, wenn sie auf die Evangelisation unter Juden verzichtet, nämlich: „… ihr Selbstwertgefühl, ihre Sicherheit des Denkens, das Gefühl ewiger Geborgenheit und damit entscheidende Voraussetzungen ihres Weltbildes, die Basis ihres Ordnungsgefüges, ihr Sendungsbewusstsein …"[376] Selbst liberale jüdische Theologen bestätigen die Legitimität des messianischen Zeugnisses von Christen: So schreibt Schalom Ben-Chorin:

Dass Israel und die Kirche in der Welt bestehen, das kann nur heißen, dass Gott Israel durch die Kirche fragen will und dass derselbe einzige, wahre und lebendige Gott die Kirche durch Israel fragen will. Und das heißt, dass sie einander Rede und Antwort stehen müssen – um Gottes

---

[373] Rolf Rendtorff, „Wir müssen unsere jüdischen Wurzeln wiedergewinnen", in Christina Kurth, Peter Schmidt, *Das christlich-jüdische Gespräch* (Stuttgart: Verlag W. Kohlhammer, 2000), S. 51.

[374] Arnulf H. Baumann, *Christliches Zeugnis und die Juden heute* (Hannover: Lutherhaus Verlag, 1981), S. 26.

[375] EKD-Studie Christen und Juden II (Gütersloh: Gütersloher Verlagshaus Gerd Mohn, 1991), S. 58.

[376] Paul Gerhard Aring, *Christliche Judenmission* (Neukirchen-Vluyn: Neukirchener Verlag, 1980), S. 266.

Willen. Und an dieses – trotz dem neuen Bunde – fortbestehende Judentum richtet die Kirche durch die Jahrtausende die Frage: ‚Glaubst du, dass Jesus von Nazareth der verheißene Messias Israels und Heiland der Welt ist?' Die Synagoge antwortet: ‚Nein, ich vermag's nicht zu glauben.' Die Kirche muss, sofern sie Kirche Christi sein und bleiben will, diese Frage immer wieder an die Welt stellen, aber sie muss sie um der Kirche selbst willen insbesondere Israel, dem altbundlichen Heilsvolk, stellen.[377]

Obwohl viele Christen die Notwendigkeit des messianischen Zeugnisses anerkennen, sehen sie im orthodoxen Judentum auch eine Quelle, die ihnen helfen könnte, eigene Wurzeln besser zu erkennen. So schreibt Erich Lubahn: „Wir suchen das Gespräch mit den gläubigen (orthodoxen) Juden, die ihrem religiösen Erbe verhaftet sind. Wir werden dabei unsere eigenen Wurzeln besser erkennen, ohne dabei unser Glaubenszeugnis zu unterschlagen."[378] Christen, die auf diesem Standpunkt stehen, müssen eine gewisse Spannung aushalten. Die Spannung wird dadurch verstärkt, dass sie den Kontakt zu den Juden, die nicht an Jesus glauben, aufrecht erhalten wollen und gleichzeitig ein geschwisterliches Verhältnis mit messianischen Juden pflegen. Sehr oft geht das eine auf Kosten des anderen.

Die Beziehung der messianischen Juden zur Kirche ist auch nicht eindeutig. Es werden zwei grundsätzliche Einstellungen deutlich:

Ein Teil der messianischen Juden sieht sich unabhängig von den kirchlichen Traditionen und bezieht sich auf die Urgemeinde. Dazu schreiben Kjaer-Hansen und Kvarme dazu: „Sie versuchen, zu einer Form des Christentums zurückzufinden, die vor dem Einsetzen der Hellenisierung und Politisierung im 4. Jahrhundert bestand."[379] Der andere Teil versteht sich als Bindeglied zwischen dem jüdischen Volk und der Kirche. Laut Andreas Hornung bewirkt diese Position eine größere Offenheit sowohl der jüdischen wie auch der christlichen Tradition gegenüber.[380]

7.1.2   Den Juden bin ich ein Jude geworden – Methoden des Zeugnisses

Die messianischen Juden sind gerade dabei, ihre eigene Theologie zu entwickeln. Ihr theologisches Verständnis basiert auf der Erforschung und Entde-

---

[377]   Schalom Ben-Chorin, Die Christusfrage an den Juden, in Zeitbuchreihe „Unterwegs" Bd. 12. (Berlin: Käthe Vogt Verlag, 1960), S. 42-43.

[378]   Erich Lubahn, *Judenmission in heilsgeschichtlicher Sicht,* S. 102.

[379]   Kai Kjaer-Hansen, O. Kvarme *Messianische Juden,* S. 99.

[380]   Vgl. Andreas Hornung, *Messianische Juden zwischen Kirche und Volk Israel* (Basel: Brunnen Verlag, 1995), S. 32.

ckung der alttestamentlichen Wurzeln der neutestamentlichen Schriften. Sie lernen, die Thora als unvergängliches Wort Gottes neu zu schätzen und ihre Gesetze in den Alltag zu übertragen. Auch die jüdische Tradition, die nicht im Widerspruch zu ihrem Glauben steht, spielt eine wichtige Rolle im Gottes- und Weltbild der messianischen Juden. All das eröffnet die Möglichkeit für ein wirksames messianisches Zeugnis gegenüber orthodoxen Juden. Die orthodoxen Juden bauen ihre Vorurteile gegenüber messianischen Juden ab, die ihr Judentum nicht verlassen. Messianische Juden helfen ihren orthodoxen Volksgenossen, Jesus und seine Botschaft in ihrem jüdischen Kontext zu verstehen.

Auch und vor allem unter säkularen Juden findet das Evangelium seine Zuhörer. Viele messianische Juden kommen aus einem säkularen Hintergrund. Das hilft ihnen, besser und schneller einen Zugang zu ihren säkularen Volksgenossen zu finden. Eines der besten Beispiele dafür sind solche Länder wie Israel und Deutschland. Mehrere messianische Gemeinden in Israel bestehen zu einem hohen Prozentsatz aus Juden, die aus der ehemaligen UdSSR eingewandert sind und einen säkularen Hintergrund mitbringen.

Die Situation in Deutschland ist einzigartig. Seit 1990 wanderten Juden aus der ehemaligen Sowjetunion nach Deutschland ein. Die meisten der neu eingewanderten Juden sind gebildet, haben aber fast keinen Bezug mehr zu ihrem jüdischen Glauben, da sie in einer atheistischen Gesellschaft aufgewachsen sind. Dennoch wissen sie um ihre jüdische Volkszugehörigkeit, sei es durch typisch jüdische Familiennamen oder durch den Eintrag der jüdischen Nationalität im Personalausweis. Zu den Einreisewilligen gehörten auch messianische Juden. Manche kamen schon in ihrem Heimatland zum Glauben an Jesus, ihren Messias, andere erst in Deutschland. Sie waren von ihrem Glauben so erfüllt, dass sie ihn mit ihren Volksgenossen teilen wollten. Der Same fiel auf fruchtbaren Boden und so entstanden in den letzten 20 Jahren blühende messianische Gemeinden in Deutschland.

Hauptamtliche messianische Mitarbeiter werden bis jetzt ausschließlich von Organisationen unterstützt, denen die Verkündigung des Evangeliums unter Juden ein Anliegen ist. Dazu gehören der Evangeliumsdienst für Israel, die Arbeitsgemeinschaft für das messianische Zeugnis an Israel, Juden für Jesus, Beit Sar Schalom. Entscheidende organisatorische oder theologische Impulse für die messianische Bewegung gehen von den Mitarbeitern dieser Organisationen aus. Das Ziel dieser Vereine ist es, die messianische Bewegung zu stärken, damit sie ihre Arbeit selbständig tun kann.

Viele Christen meinen, dass nur messianische Juden den anderen Juden das Evangelium weitergeben sollten. Diese Auffassung wird auch theologisch reflektiert. So antwortet der EKD Ratsvorsitzende in einem Interview mit der

„Welt am Sonntag" auf die Frage: „Darf ein Christ Juden missionieren?" – „Ein Christ kann sagen, dass Jesus Christus für ihn der Messias ist, dass er Jesus in dessen jüdischer Tradition sieht und dass Jesus auch der Messias für Israel ist."[381] Im Folgenden sagt Präses Nikolaus Schneider aber, dass die Missionierung der Juden Christen nicht empfohlen sei, sondern sie sei und bleibe Gottes Sache.[382] Und dann fügt er hinzu:

> Die Einladung zum Glauben an Gott gilt jedem Menschen; eine Missio-
> nierung der Jüdinnen und Juden setzt eine bewusste, absichtsvolle Strate-
> gie voraus, die zum Ziel hat, deren Glauben zu ändern. Das aber ist Jü-
> dinnen und Juden gegenüber nicht angebracht – sie glauben ja an den
> Gott Israels, an den auch wir glauben.[383]

An dieser Stelle macht Schneider keinen Unterschied zwischen den Missionsmethoden gegenüber Heiden und Juden. Auch die Tatsache, dass die meisten Juden, die an Jesus glauben, Juden bleiben, deren Glaube nun vervollständigt wurde, interessiert ihn nicht. Seine theologische Argumentation entbehrt jeder biblischen Grundlage. Man kann eine klare Differenz erkennen zwischen den Worten des EKD Ratsvorsitzenden und den Worten Jesu an seine jüdischen Jünger, dass nur wer an ihn glaube auch an den Vater glaube![384]

Ein weiteres wichtiges Argument für das messianische Zeugnis von Christen Juden gegenüber ist die Tatsache, dass viele messianische Juden durch das Zeugnis von Christen zum Glauben an ihren Messias gekommen sind. Ist das nicht eine Bestätigung für das messianische Zeugnis? In diesem Zusammenhang ist die Argumentation von Dietrich Bonhoeffer sehr wichtig. Sie wird von Eric Metaxas zitiert: „Wenn das Christentum auch zu den Heiden gekommen ist, dann nicht zuletzt deswegen, damit die Juden ihren Messias erkennen und annehmen."[385] Bonhoeffer, der die Verfolgung der Juden hautnah miterlebte und aufs Äußerste verurteilte, war nicht bereit, einen Kompromiss mit seinen theologischen Überzeugungen zu schließen und zu behaupten, es ist nicht adäquat, wenn Christen das messianische Zeugnis gegenüber Juden ablegen. So schreibt Metaxas:

---

[381] *Idea Spektrum,* 11 (Wetzlar: idea e.V. Evangelische Nachrichtenagentur, 2012), S. 9.

[382] Vgl. Ebd.

[383] Ebd.

[384] Vgl. Joh 14,6,7; Joh 12,44.

[385] Eric Metaxas, *Bonhoeffer, Pastor, Agent, Märtyrer und Prophet* (Holzgerlingen: Stiftung Christliche Medien, 2011), S. 391.

Für Bonhoeffer war das Böse, das man den Juden zufügte, gegen Gott selbst gerichtet. Allerdings vollzog er nicht den an dieser Stelle möglichen nächsten theologischen Sprung zu behaupten, die Christen dürfen die Juden nicht zum Glauben an Jesus Christus rufen. Im Gegenteil: mit den von ihm zitierten Bibelversen stellte er sich gegen eine solche Auffassung.[386]

Dennoch muss man bei allen positiven Aspekten, die das messianische Zeugnis für Israel mit sich bringt, beachten: Es ist von großer Bedeutung, mit welchen Methoden das Zeugnis weitergegeben wird. Es liegt ein essentieller Unterschied daran, ob man Juden oder Nichtjuden das Evangelium bringt. Erich Lubahn bringt das auf den Punkt:

> Der gravierende Unterschied besteht im Folgenden: In der Urgemeinde luden Juden Heiden ein, an ihrem Erbe teilzunehmen. Wenn wir uns heute anschicken, als Heidenchristen den Juden ein Zeugnis zu sein, dann laden wir sie nicht ein, an „unserem Erbteil" teilzunehmen, sondern wir bringen ihnen das ihre zurück. Um das in angemessener Weise tun zu können, haben wir zuallererst von den Juden zu lernen.[387]

7.1.3 Gemeindeformen: eine messianische Synagoge oder eine judenchristliche Kirche

Obwohl die messianische Bewegung relativ jung ist, haben die meisten messianischen Juden den Wunsch, eine eigene Gemeinde zu haben. Trotzdem gibt es manche, die sich „Judenchristen" nennen und sich gerne einer Kirche oder Freikirche anschließen.[388]

Was die meisten messianischen Gemeinden gemeinsam haben: Der Glaube an Jesus Christus als verheißenen Messias steht im Vordergrund. Sie tragen alle hebräische Namen. Es besteht ein ausgeprägtes Interesse daran, die eigene Identität zu finden. Wie wird die messianisch-jüdische Identität definiert? Tuvya Zaretsky sieht sie als „ein Zusammenspiel von Faktoren, die gemeinsam eine ethnische und kulturelle Identität schaffen. Dazu gehören Sprache, Geschichte, Kultur, Land, Religion, Politik, Humor und demographische Faktoren."[389] Da die messianischen Juden unterschiedliche Heimatsprachen

---

[386] A.a.O.

[387] Erich Lubahn, Judenmission in heilsgeschichtlicher Sicht, S. 96.

[388] Anm. des Autors: In diesem Kapitel werden weiterhin nur messianische Juden beschrieben, die ihre eigenen Gemeinden bauen.

[389] Tuvya Zaretsky, *Das Evangelium – auch für Juden: Impulse aus der messianischen Bewegung*, S. 52.

haben und in verschiedenen Ländern leben, kommt die messianisch-jüdische Identität vorwiegend durch den religiösen Faktor zum Ausdruck. So führt Zaretsky das Thema weiter aus:

> Wie setzen messianische Juden ihre religiöse Identität in der Praxis um? In ihrer Ekklesiologie kommt einerseits ihre Verbundenheit mit historischen christlichen Kirchen und deren Werken zum Ausdruck und andererseits ihr eigener Wunsch, Aspekte des Synagogengottesdienstes und traditionelle jüdische Elemente zu integrieren.[390]

Wenn diese Definition zum Ausgangspunkt für den Aufbau einer messianischen Gemeinde wird, dann kommt man entweder zu einer judenchristlichen Kirche oder zu einer messianischen Synagoge. Es ist bezeichnend für die meisten heutigen messianischen Gemeinden und ein unabdingbares Merkmal einer Gemeinde des Neuen Bundes, dass sie jüdische und nichtjüdische Mitglieder hat.[391] Andreas Hornung schreibt dazu: „Denn nach dem Neuen Testament ist Kirche Christi immer Kirche aus Heiden und Juden."[392] An dieser Stelle kann betont werden, dass eine messianische Gemeinde die besten Voraussetzungen dafür bietet, um Juden und Nichtjuden in gemeinsamer Anbetung zu vereinen. Diese Einheit wurde z.B. für Bonhoeffer zu einem wesentlichen Merkmal der Kirche. So schreibt er: „Vielmehr ist die Aufgabe christlicher Verkündigung zu sagen: hier wo Juden und Deutsche zusammen unter dem Wort Gottes stehen, ist Kirche, hier bewährt es sich, ob Kirche noch Kirche ist oder nicht."[393]

Die moderne messianische Bewegung würde sich heute nicht als eine Kirche definieren. Viele messianische Gemeinden bringen ihre eigene Identität dadurch zum Ausdruck, dass sie hebräische Lieder singen, Gebete aus dem hebräischen Gebetbuch beten, die biblischen Feste nach dem jüdischen und nicht nach dem christlichen Kalender feiern, sowie den Sabbat als Ruhetag einhalten. Diese typisch jüdischen Elemente unter dem Begriff Kirche, wenn

---

[390] Ebd. S. 52.

[391] Vgl. Stefanie Pfister, *Messianische Juden in Deutschland: Eine historische und religionssoziologische Untersuchung* (Berlin: Lit. Verlag Dr. W. Hopf, 2008), S. 231.

[392] Andreas Hornung, *Messianische Juden zwischen Kirche und Volk Israel* (Basel: Brunnen Verlag, 1995), S. 94.

[393] Dietrich Bonhoeffer, Dietrich Bonhoeffer Werkausgabe 12, Berlin 1932-1933, hg. Von Carsten Nikolaisen und Ernst-Albert Scharfenorth, 1997, zitiert aus Eric Metaxas, *Bonhoeffer, Pastor, Agent, Märtyrer und Prophet* (Holzgerlingen: Stiftung Christliche Medien, 2011), S. 196.

auch einer judenchristlichen, zusammenzufassen, wäre unmöglich oder zumindest nicht authentisch.

Also eine messianische Synagoge? Mit dem Begriff gibt es auch gewisse Schwierigkeiten. Einerseits bezeichnet der griechische Begriff συναγωγή (Synagoge) im Neuen Testament eine Versammlung von jesusgläubigen Juden. Andererseits haben moderne Juden eine klare Vorstellung von der Synagoge als einem religiösen Ort, an dem Jesus als Messias abgelehnt wird. Nur wenige messianische Juden bezeichnen ihre Versammlungsorte als eine Synagoge.

Welcher Begriff würde am besten den Zustand und die Beziehungen innerhalb der messianischen Bewegung beschreiben? Viele messianische Juden finden den Begriff Gemeinschaft (κοινωνία) oder besser Gemeinde (ἐκκλησία) am passendsten. Dieser Begriff ist sowohl in der jüdischen als auch in der christlichen Gesellschaft am wenigsten belastet. Gerade in der Gemeinde gibt es diese Verbindung zwischen Judentum und Christentum. Juden können in der messianischen Gemeinde ihren Messias finden und Christen können sich hier auf die Wurzeln ihren Glaubens besinnen. Die Zusammenführung jüdischer und christlicher Tradition ist ein wesentliches Merkmal einer messianischen Gemeinde.

Wie erklären messianische Juden ihr großes Interesse an der jüdischen Tradition? Kjaer-Hansen und Kvarme beschreiben eine eigene Beziehung messianischer Juden zur jüdischen Tradition, die sich essentiell von der Position orthodoxer Juden unterscheidet: „Sie fühlen sich an die Traditionen nicht durch die Gebote und Vorschriften der Mose-Tora gebunden, sondern sehen sie als das religiöse Erbe des Volkes, das mit seinen alttestamentlichen Wurzeln vom Christusglauben her neu gedeutet wurde."[394]

Bezüglich der Elemente der christlichen Tradition findet Stefanie Pfister in ihrer gründlichen Untersuchung der messianischen Gemeinden Deutschlands folgende Gemeinsamkeiten heraus:

> Die Abkündigungen, das Vaterunser, das Singen oder Rezitieren von Psalmen mit Kehrversen und Singesprüchen, die Lesung aus dem NT, [...] der hohe Stellenwert der Predigt des Evangeliums, das Bekenntnis, dass Jesus der Messias ist, das Abendmahl, die Nachgespräche und gemeinsames Essen. Insgesamt zeigte sich, dass zwar viele liturgische Elemente des Judentums übernommen werden, dass diese aber mit „christlichen" Glaubensinhalten (Trinität, Jesus als der Messias, Jesus als das

---

[394] Kai Kjaer-Hansen, O. Kvarme *Messianische Juden,* S. 77.

Licht der Welt, Soteriologie, Vergebung der Sünden) in den Liedern, Ritualen und Predigten gefüllt werden.[395]

7.2   Ausblick

Die Ausbreitung des messianischen Zeugnisses für das Volk Israel in der Zukunft hängt von mehreren Faktoren ab. Die messianischen Gemeinden werden zu Zentren werden, von denen aus das Evangelium allen Menschen, aber vor allem den Juden in der ganzen Welt, gepredigt wird. Das erfordert eine gründliche Ausbildung der Leiter, aber auch die Förderung und Ermutigung des evangelistischen Einsatzes sowohl der messianischen Gemeinden als auch des einzelnen messianischen Gläubigen.

Zwei weitere Faktoren sind nicht weniger wichtig für die Gestaltung des messianischen Zeugnisses. Zum einen ist es die Anerkennung der Notwendigkeit des Weitergebens des Evangeliums von Christen an die Juden. Dazu sollen Christen, die aus welchen Gründen auch immer das jüdische Volk trösten wollen, biblisch motiviert werden. Das Zitat eines judenchristlichen Theologen stellt dies deutlich heraus:

Ich weiß, dass Sie das jüdische Volk lieben. Ich weiß, dass Sie Juden an vielen Orten der Welt helfen. Aber die Verkündigung des Evangeliums ist der einzige Weg, sie zu trösten und ihnen das Evangelium vorzuenthalten ist meiner Meinung nach die schlimmste Form von Antisemitismus, die es gibt. Viele Organisationen wollen mein Volk Israel trösten, indem sie Juden zurückführen nach Israel. Aber für diese jüdischen Menschen bedeutet das Leben in Israel nur einen kurzen Abstecher auf ihrem Weg zur Trennung von Gott. Sie wurden gesegnet durch christliche Liebe und Unterstützung. Aber solange sie noch nichts gehört haben von der Vergebung der Sünden in Jesus, sind sie immer noch nicht wirklich getröstet. Ja, das jüdische Volk hat gelitten. Wir sind schrecklich verletzt worden. Trotzdem sollte Ihre Liebe und Unterstützung nicht aus einem Schuldgefühl heraus geschehen. Ihre Liebe und Ihr Trost für das jüdische Volk müssen sich auf das Wort Gottes gründen. Dann ist Ihre Liebe ein Stück von Gottes Liebe. Und mein jüdisches Volk wird wirklich getröstet werden durch Jesus, den Messias.[396]

---

[395] Stefanie Pfister, *Messianische Juden in Deutschland: Eine historische und religionssoziologische Untersuchung* (Berlin: Lit. Verlag Dr. W. Hopf, 2008), S. 313.

[396] Arthur Goldberg, Aus einer Ansprache beim Jahresfest des Evangeliumsdienstes für Israel im Jahr 2004. Freundesbrief des EDI Nr. 33/4. August.

Zum anderen ist es die Etablierung der messianischen Juden als eines legitimen Teils der weltweiten Gemeinde Jesu. Dazu sind Offenheit und Förderung von christlicher Seite unerlässlich. Wenn Christen eine biblische Sicht für messianische Juden entwickeln, dann erreicht das messianische Zeugnis sein Ziel. Theo Sundermeier führt diesen Gedanken aus:

> Wir erleben dankbar, dass Gott an den messianischen Juden seine Erwählung Israels in Jesus Christus zur Erfüllung führt. In Israel, Amerika und Europa entstehen Gemeinden von Juden, die in Jesus ihren Messias erkennen und sich zu ihm bekennen. Sie sind Gottes Geschenk an die Christenheit, über deren Existenz sich Christen freuen dürfen. Sie sollten der Solidarität der Christen gewiss sein. In ihrer Existenz wiederholt sich die Zeit der ersten Christen, die dem Judentum treu blieben und als solche durch Christus Sündenvergebung erlangten und im Gottesfrieden lebten, der höher ist als alle Vernunft.[397]

---

[397] Theo Sundermeier, aus einem Faltblatt Christen und Juden, Gesellschaft für Innere und Äußere Mission i.S. der lutherischen Kirche e.V., S. 6.

8 Bibliographie

Buch (Monographie)

Achelis, E. Chr. *Lehrbuch der praktischen Theologie*, Bd. 3. Leipzig: J.C. Hinrichs'sche Buchhandlung, 1911.

Aring, Paul Gerhard. *Christliche Judenmission*. Neukirchen-Vluyn: Neukirchener Verlag, 1980.

Aring, Paul Gerhard. *Christen und Juden heute – und die „Judenmission"?* Frankfurt am Main: Haag + Herchen Verlag, 2. Aufl. 1989.

Baumann, Arnulf H. *Christliches Zeugnis und die Juden heute.* Hannover: Lutherhaus Verlag, 1981.

Baumann, Arnulf H.; Mahn, Käte; Saebø, Magne. *Martin Luthers Erben und die Juden.* Hannover: Lutherisches Verlagshaus, 1984.

Baumann, Andreas. *Die Apostelstraße: Eine außergewöhnliche Vision und ihre Verwirklichung.* Gießen: Brunnen Verlag, 1999.

Beyerhaus, Peter. *Dialog* in ELThG, Bd. 1. Wuppertal: Helmut und Uwe Swarat, 1998.

Bienert, Walther. *Martin Luther und die Juden.* Frankfurt am Main: Evangelisches Verlagswerk, 1982.

Brandau, Robert. *Innerbiblischer Dialog und dialogische Mission: Die Judenmission als theologisches Problem.* Neukirchen-Vluyn: Neukirchener Verlag, 2006.

Browe, Peter. *Die Judenmission im Mittelalter und die Päpste*, Bd. IV. Roma: Libreria Saler, 1942.

Brown, Michael. *Unsere Hände sind mit Blut befleckt.* Wittmund: Mega Medien KG Wittmund, 2000.

Bullinger, Wilfried; Klaiber, Wolf. *Juden und Christen. 2000 Jahre tragische Geschichte.* Korntal-Münchingen: Edition Feigenbaum, 2009.

Dithmar, Christiane. *Zinzendorfs nonkonformistische Haltung zum Judentum*, Schriften der Hochschule für Jüdische Studien; Bd. 1. Heidelberg: Universitätsverlag C. Winter, 2000.

Dobert, Reinhard. „Judenmission in der lutherischen Kirche", in *Zeugnis für Zion.* Erlangen: Verlag der Ev.-Luth. Mission, 1971.

Drori, Shlomo; Schulz, Jurek. *Von Eden bis zum Paradies.* Basel und Gießen: Brunnen Verlag, 2006.

Ehrlich, Ernst Ludwig. *Abschied von der Judenmission: Antwort auf Arnulf Baumann*, Judaica, Beiträge zum Verständnis des jüdischen Schicksals in Vergangenheit und Gegenwart, Bd. 38. Basel: Stiftung für Kirche und Judentum, 1982.

Flusser, David. *Das Christentum – eine jüdische Religion.* München: Kösel, 1990.

Goppelt, Leonhard. *Christentum und Judentum im ersten und zweiten Jahrhundert – ein Aufriss der Urgeschichte der Kirche.* Gütersloh: C. Bertelsmann Verlag, 1954.

Ginzel, Günther Bernd. *Auschwitz als Herausforderung für Juden und Christen.* Heidelberg: L. Schneider, 1980.

Görrig, Detlef. *Die Wurzel trägt: Israels „bleibende Erwählung" und die „Mission" der Kirche.* Frankfurt am Main: Verlag Otto Lembeck, 2004.

Hansen, Kai Kjaer; Kvarme Ole Chr. M. *Messianische Juden.* Erlangen: Verlag der Ev.-Luth. Mission Erlangen, 1983.

Heussi, Karl. *Kompendium der Kirchengeschichte 15.* Aufl. Tübingen: J. B. C. Mohr 1979.

Hornung, Andreas. *Messianische Juden zwischen Kirche und Volk Israel:* Entwicklung und Begründung ihres Selbstverständnisses. Gießen: Brunnen, 1995.

Holthaus, Stephan. *Judenmission im Pietismus und in der Erweckungsbewegung in Christen, Juden und die Zukunft Israels.* Frankfurt am Main: Internationaler Verlag der Wissenschaften, 2009.

Jung, Martin. *Die württembergische Kirche und die Juden in der Zeit des Pietismus (1675-1780).* Berlin: Institut Kirche und Judentum, 1992

Jung, Martin. *Christen und Juden: Die Geschichte ihrer Beziehungen.* Darmstadt: Wissenschaftliche Buchgesellschaft, 2008.

Juster, Daniel. *Jewish Roots: A Foundation of Biblical Theology.* Pacific Palisades: Davar Pub. Co., 1986.

Kaiser, Jochen-Christoph; Greschat, Martin. *Der Holocaust und die Protestanten.* Frankfurt am Main: Athenäum, 1988.

Kraus, Wolfgang. *Christen und Juden. Perspektiven einer Annäherung.* Gütersloh: Chr. Kaiser/Gütersloher Verlagshaus, 1997.

Kremers, Heinz. *Judenmission heute?* Neukirchen-Vluyn: Neukirchener Verlag, 1979.

Kremers, Heinz; Lubahn, Erich. *Mission an Israel in heilsgeschichtlicher Sicht.* Neukirchen-Vluyn, Neukirchner Verlag, 1985.

Lamparter, Eduard. *Evangelische Kirche und Judentum.* Stuttgart: Brönner Nowawes, 1928.

Maurer,Wilhelm. *Kirche und Synagoge – Motive und Formen der Auseinandersetzung der Kirche mit dem Judentum im Laufe der Geschichte.* Stuttgart: W. Kohlhammer Verlag, 1953.

Männchen, Julia. *Gustaf Dalmans Leben und Wirken in der Brüdergemeine, für die Judenmission und an der Universität Leipzig.* 1855-1902. Wiesbaden: Harrassowitz, 1987.

Metaxas, Eric. *Bonhoeffer, Pastor, Agent, Märtyrer und Prophet.* Holzgerlingen: Stiftung Christliche Medien, 2011.

Pfister, Stefanie. *Messianische Juden in Deutschland: Eine historische und religionssoziologische Untersuchung.* Berlin: Lit. Verlag Dr.W. Hopf, 2008.

Pfisterer, Rudolf. *Von A bis Z, Quellen zu Fragen um Juden und Christen.* Neukirchen-Vluyn: Aussaat- und Schriftenmission Verlag GmbH, 1985 Späth, Andreas. *Luther und die Juden.* Bonn: Verlag für Kultur und Wissenschaft, 2001.

Rendtorff, Rolf. *Auschwitz als Herausforderung für Juden und Christen.* Heidelberg: Verlag Lambert Schneider GmbH, 1980.

Renz, Hartmut. *Juden finden ihren Messias.* Holzgerlingen: Hänssler im SCM-Verlag GmbH & Co, 2012.

Rumatzki, Christoph. *Hallischer Pietismus und Judenmission.* Tübingen: Max Niemeyer Verlag GmbH, 2004.

Sierszyn, Armin. *2000 Jahre Kirchengeschichte.* 2. Aufl. Neuhausen-Stuttgart: Hänssler Verlag, 2000.

Stern, David. *Kommentar zum jüdischen NT.* Bd. 2. Neuhausen-Stuttgart: Hänssler Verlag, 1994.

Wagner, Siegfried. *Franz Delitzsch, Leben und Werk.* München: Kaiser Verlag, 1991.

Wolf-Crome, Editha. *Stephanus Schultz. Aus den Lebenserinnerungen.* Hamburg-Bergstedt: Heinrich Reich. Evangelischer Verlag GmbH, 1977.

Buch (Sammelwerk)

Ruf, Walther (Hg.) *Ihr werdet meine Zeugen sein.* Nürnberg: Sebstverlag der Bayerischen Missionskonferenz, 1963.

Vogt, Peter (Hg.) Zwischen Bekehrungseifer und Philosemitismus. Texte zur Stellung des Pietismus zum Judentum. Leipzig: EVA-Leipzig, 2007.

Zaretsky, Tuvya (Hg.) Das Evangelium – auch für Juden. Impulse aus der messianischen Begegnung. Basel: Brunnen Verlag, 2006.

Lexika

Das Große Bibellexikon, Bd. 3. Wuppertal: Brockhaus Verlag, 2009.

Theologische Realenzyklopädie, Verlag Walter de Gruyter, Studienausgabe. Teile I-III: Aaron-Zypern, Hrsg. von Gerhard Müller, 2006.

Beiträge

Ben-Chorin, Schalom. „Die Christusfrage an den Juden", in: Zeitbuchreihe. Unterwegs, Bd. 12. Berlin: Käthe Vogt Verlag, 1960.

Baumann, Arnulf H. „Judenmission: Christliches Zeugnis unter Juden". Judaica, Beiträge zum Verständnis des jüdischen Schicksals in Vergangenheit und Gegenwart, Bd. 38. Basel: Stiftung für Kirche und Judentum, 1982.

Baumann, Arnulf. Christliches Zeugnis und die Juden heute, Tagungsprotokolle – Evangelische Akademie Iserlohn, 6.

Beyreuther, Erich. „Zinzendorf und das Judentum". Judaica, 19. Ev.-lutherischer Zentralverein für Mission unter Israel. Zürich: Zwingli-Verlag, 1963.

Chernousov, Dimitrij. Mission unter Juden in Deutschland nach 1945. Korntal: AWM, Semesterarbeit für das Fach BIB 6030 Theologie der Mission, 2004.

Eckert, Harald. „Die Auseinanderentwicklung von Judentum und Christentum im patristischen Zeitalter". Ditzingen: Werkstatt für Gemeindeaufbau, Akademie für Leiterschaft, Seminararbeit für das Fach K1 1400 Kirchengeschichte 1, 2001.

EKD-Studie „Christen und Juden II". Gütersloh: Gütersloher Verlagshaus Gerd Mohn, 1991.

Fritsch-Oppermann, Sybille. „Juden und Christen – Juden und Deutsche." Zur Auslegungs- und Wirkungsgeschichte von Röm 9-11; [Dokumentation einer Tagung der Evangelischen Akademie Loccum vom 01.-03.11.1993]. 1. Aufl. Rehburg-Loccum: Evang. Akad. Loccum, 1997.

Goldberg Arthur. Aus einer Ansprache beim Jahresfest des Evangeliumsdienstes für Israel im Jahr 2004. Freundesbrief des EDI Nr. 33/4. August.

Gensichen, Hans-Werner. Zum 65. Geburtstag. Unter Mitarbeit von Theo Sundermeier. Gütersloh: Gütersloher Verlagshaus Mohn, S. 173-183.

Grillenberg, Wilhelm. „Die Missionsarbeit des Zentralvereins in München 1948-1956". In Zeugnis für Zion. Erlangen: Verlag der Ev.-Luth. Mission, 1971.

Hruby, Kurt. „Aufsätze zum nachbiblischen Judentum und zum jüdischen Erbe der frühen Kirche. Arbeiten zur neutestamentlichen Theologie und Zeitgeschichte", Bd. 5. Berlin: Institut Kirche und Judentum, 1996.

Kaiser, Jochen-Christoph. „Evangelische Judenmission im Dritten Reich". In: Der Holocaust und die Protestanten. Frankfurt am Main: Athenäum, 1988. S. 186-215.

Lapide, Pinchas. „Ist der Kirche die Judenmission eingestiftet?". In: Juden und Christen – Juden und Deutsche, Dokumentation einer Tagung der evangelischen Akademie Loccum vom 01.-03.11.1993, S. 16.

Laepple, Ulrich. „Den Juden die Kirche, der Kirche die Juden erklären!". Theologische Beiträge, 07. 4/5. Theologischer Verlag Rolf Brockhaus, S. 229.

Le Roi, J.F.A.de. „Die Evangelische Christenheit und die Juden unter dem Gesichtspunkt der Mission geschichtlich betrachtet". Bd. 1-3. 1884-1892. Fotomechanischer Neudruck der Originalausgabe 1884-1892.

Levi Haim, del Camino, Los, Stefano zitiert in: Assemani, Acta Sactorum Martyrum Orientallum bei Occidentallum, Vol. 1. Roma, 1748.

Männchen, Julia. „Probleme der lutherischen Judenmission zwischen 1870 und 1900". In: JUDAICA, Beiträge zum Verständnis des jüdischen Schicksals in Vergangenheit und Gegenwart, Bd. 48.

Rendtorff, Rolf. „Judenmission nach dem Holocaust". In: Fides pro mundi vita. Missionstheologie heute. Hg. v. T. Sundermeier (MWF 14), Gütersloh 1980, S. 173-183.

Rendtorff, R.; Henrix, H. H. „Die Kirchen und das Judentum". Dokumente von 1945-1985. Paderborn/München, 1988.

Rendtorff, Rolf. Streit um die Judenmission „Evangelische Kommentare", Monatszeitschrift zum Zeitgeschehen in Kirche und Gesellschaft, 13. Jahrgang 1980, S. 717.

Rendtorff, Rolf. „Wir müssen unsere jüdischen Wurzeln wiedergewinnen". In: Christina Kurth, Peter Schmidt, Das christlich-jüdische Gespräch Stuttgart: Verlag W. Kohlhammer, 2000.

Schmidt, Martin. „Judentum und Christentum im Pietismus des 17. und 18. Jahrhunderts". In: Kirche und Synagoge. Handbuch zur Geschichte von Christen und Juden, Bd. 2. Stuttgart : Ernst Klett Verlag, 1970.

Sundermeier, Theo. Aus einem Faltblatt Christen und Juden, Gesellschaft für Innere und Äußere Mission i.s. der lutherischen Kirche e.V.

Vasko, Tim. Christliches Zeugnis unter Juden in Europa Teil 3. In Fundament. Zeitschrift der Freien Evangelisch-Theologischen Akademie Basel 3/86, S. 29-32.

Völker, Heinz Hermann. „Franz Delitzsch als Förderer der Wissenschaft vom Judentum". In Judaica, Beiträge zum Verständnis des jüdischen Schicksals in Vergangenheit und Gegenwart, Stiftung für Kirche und Judentum, Basel, 1994.

Wittenberg, Martin. „Franz Delitzsch: Vier Aufsätze über ihn und Auszüge aus seinen Werken". Handreichung des Evangeliumsdienstes unter Israel durch ev.-luth. Kirche, Folge 7, 1963, Auszüge aus Delitzschs Gedankengut, aus „Wissenschaft, Kunst, Judentum" 1938

Werke von Martin Luther

Luther, Martin. *„Dass Jesus Christus ein geborener Jude sei"*, Ausgewählte Werke, Ergänzungsreihe, Bd. 3. München: Goldmann Verlag, 1938.

Luther, Martin. D. Martin Luthers Werke. Kritische Gesamtausgabe. Weimar, Böhlaus Nachfolger, 1883-1929, Kirchenpostille 1522. St. Stephanus-Tag 1521 gehaltene Predigt, WA 10,287-288.

Luther, Martin. Vier tröstliche Psalmen an die Königin zu Ungarn. 1526, WA 19,608.

Luther, Martin *Von den Juden und ihren Lügen*, WA 53,419.

Luther, Martin. *An die Herren des Deutschen Ordens*. Luthers Werke, Hrsg. von Buchwald, Kawerau, Julius Köstlin, Rade, Schneider u.A., Bd. 4. Berlin: Schwetschke, 1905.

Luther, Martin. *Vom Schem Hamphoras und vom Geschlecht Christi, 1543*. Dresden: Landesverein für Innere Mission, 1931.

Luther, Martin: Ausgewählte Werke, Ergänzungsreihe. Bd. 4. München, 1960, S. 253.

Zeitschriftenaufsatz

Poljak Abram. Die Judenchristliche Gemeinde. In: Patmos (2). 1951.

Poljak Abram. Judenchristen in Israel. In: Patmos (3). 1951.

Poljak Abram. Paulinische Judenmission. In: Patmos (1). 1951.

Wolf, Gerhard Philipp (1985/1986): Zur Geschichte der evangelischen Judenmission im Bayern des 19. Jahrhunderts – Zwischen Hoffnung und Enttäuschung 1985/1986. In: Zeitschrift für bayerische Kirchengeschichte 54, S. 127-152.

Zeitschriften

Zeitschrift „Unterwegs" Bd. 12, 1960.

Neue Osnabrücker Zeitung vom 11.01.2010.

Broschüre Evangelische Sammlung in Württemberg, 1996.

Rendtorff, Rolf. Streit um die Judenmission, Evangelische Kommentare, Monatszeitschrift, 1980, S. 717.

Lau, Robert. Messianische Juden als „natürliche Zweige" am Ölbaum Israel und das Selbstverständnis der Kirche, Zeitschrift: Akzente für Theologie und Dienst, 106 Jahrgang, 2011,1, S. 4.

Snyder, Avi. Erwählt: Die einzigartige Berufung Israels. Bad Nauheim: Media Worldwidewings, 2008.

Idea Dokumentation 22/95 mit dem Titel „Sollen Christen Juden missionieren?", S. 38.

Idea Dokumentation 6/2000 mit dem Titel „Der überdrüssige Streit um die sogenannte Judenmission", S. 35.

Idea Spektrum, 11 (Wetzlar: idea e.V. Evangelische Nachrichtenagentur, 2012), S. 9.

Internetdokument

http://www.lcje.net/willowbank.html (15.04.2011).

http://www.lausanne.org/de/all-documents/manila-manifesto.html (13.04.2011).

http://www.jcrelations.net/de/?item=1046 (07.04.2011).

http://www.segne-israel.de/grundkurs/geschichte.htm (05.06.2011).

http://de.wikipedia.org/wiki/Esdras_Edzardus (12.06.2014).

http://messianicjudaismwiki.com/wiki/Christian_Friedrich_Frey_%28Joseph_Samue 1%29 (04.04.2012).

http://de.wikipedia.org/wiki/Franz_Delitzsch (04.04.2012).

Wollfhart Pannenberg, Jews and Christians, People of God, http://www.worldcat.org/wcpa/servlet/DCARead?standartNo=0802805078&standartNoType=1&excerpt=true (24.03.1012).

Viele Kulturen. Eine Leidenschaft.

Sie suchen nach Fort- und Weiterbildung? Sie haben Interesse an einem flexiblen, modularen Studiengang? Sie haben Freude daran, Ihre Kompetenzen zu vertiefen, sich neue Kompetenzfelder zu erschließen?

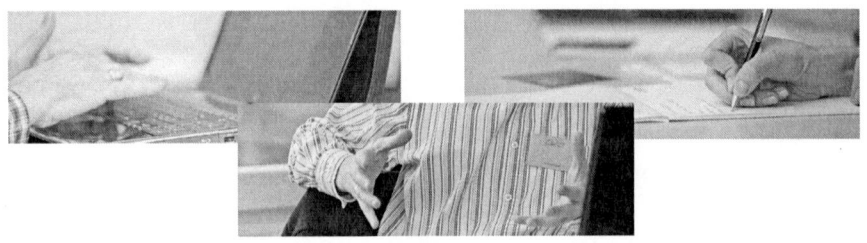

Wenn Sie sich auf das „Abenteuer Bildung" einlassen wollen, informieren wir Sie gerne über unser Seminarangebot (Interkultureller Coach und weitere Themen) sowie unser Studienprogramm (Bachelor of Arts, Master- und Doktoralstudien).

Wir freuen uns auf Sie!

In Kooperation mit Columbia International University

Akademie für Weltmission gGmbH	Tel	0711 / 83965-0
Hindenburgstr. 36	eMail	info@awm-korntal.de
70825 Korntal	Web	www.awm-korntal.de